Magia, Mito e Psicodrama

Dados Internacionais de Catalogação na Publicação (CIP)
(Câmara Brasileira do Livro, SP, Brasil)

Menegazzo, Carlos M.
  Magia, mito e psicodrama / Carlos M. Menegazzo; [tradução de Magda Lopes]. — São Paulo: Ágora, 1994.

  Bibliografia.
  ISBN 85-7183-441-5

  1. Jung, Carl Gustav, 1875-1961 2. Magia 3. Mito 4. Psicodrama I. Título.

93-2891
CDD-150.198

Índices para catálogo sistemático:
1. Psicodrama: Método psicanalítico 150.198

MAGIA, MITO E PSICODRAMA

C. M. Menegazzo

ÁGORA

Do original em língua espanhola
Magia, mito y psicodrama
Copyright © 1981 by Carlos María Menegazzo

Nenhuma parte desta publicação poderá ser reproduzida, guardada pelo sistema "retrieval" ou transmitida de qualquer modo ou por qualquer meio, seja eletrônico, mecânico, de fotocópia, de gravação ou outros, sem a prévia autorização por escrito da Editora.

Tradução:
Magda Lopes

Revisão técnica:
Sérgio Perazzo

Capa:
João Baptista da Costa Aguiar

EDITORA AFILIADA

Todos os direitos reservados pela

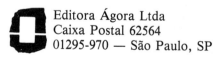
Editora Ágora Ltda
Caixa Postal 62564
01295-970 — São Paulo, SP

SUMÁRIO

Introdução 7

Primeira Parte

Magia, Mito e Representação Dramática

A dança e a representação dramática: antecessores do psicodrama 17
O aparecimento do homem 18
A experiência e o pensamento específicos do homem 19
O homem primitivo e a razão mágica 20
Como surge o pensamento mágico 21
Da magia individual à magia compartilhada 24
A cosmovisão mágica 25
Os elementos da magia 25
Os componentes do ofício mágico 26
Um exemplo de ritual arcaico 26
Características do rito mágico 28
As leis da magia 29
A tendência para o sacrifício 29
Das oferendas propiciatórias à simulação 30
A representação dramática 31
Os diferentes modos de aparecimento do rito da representação dramática 31
As representações dramáticas dos mistérios de Elêusis 33
Características da representação dramática mítica 35
O homem primitivo e a razão mítica 36
Descrição fenomenológica dos elementos da razão mítica 37
O rito na cosmovisão mítica 42
Os ritos órficos 43
A tendência dos mitos para confluir em estruturas totalizadoras 45
A crise do pensamento mítico-religioso 45
Como os mitos tendem a perdurar 46
As dificuldades de chegar ao logos 47

5

A tragédia grega 48
O nascimento da tragédia 48
O culto dionisíaco 52
De certo modo a tragédia é uma queda 55
A representação dramática e suas aplicações 58
Em busca de uma definição 58
A dramaturgia 59
Representação dramática e comunicação 60
Representação dramática e compreensão 61
Representação dramática e participação 62
Representação dramática, ação dramática e conflito
dramático 63

Segunda Parte

Psicodrama

A visão antropológica moreniana 69
O desenvolvimento da identidade sob a ótica psicodramática 71
O conceito de matriz em Moreno 73
Matriz de identidade 74
Matriz familiar 76
A segunda fase da matriz familiar 79
Os modos de ser resolvidos do homem 83
Os modos de ser não resolvidos 85
As cenas traumáticas e as cenas nucleares conflitivas 86
Os caminhos da resolução 90
Psicodrama: a proposta de uma nova matriz 94
Dois exemplos significativos 97
O que é um programa psicodramático? 101
O fenômeno da catarse de integração 111

INTRODUÇÃO

Meu interesse em determinados aspectos teóricos do fenômeno dramático começou em torno de 1956. Durante vários anos as circunstâncias inclinaram-me a penetrar cada vez mais no estudo dos aspectos conceituais da ação teatral. Naquela época, o psicodramático representava, para mim, apenas um tema fascinante, mas absolutamente colateral.

Minhas primeiras tentativas de reflexão teórica, especialmente em torno do trabalho de Moreno, só tiveram estímulo real dez anos mais tarde.

Após cinco anos de práticas clínicas e cirúrgicas hospitalares, eu me decidi quanto à especialidade médica que iria abraçar. Estava, então, na escola onde minha formação psiquiátrica e psicoterapêutica se realizava.

Nossos professores formavam grupos de estudo e de discussão metodológica sobre diferentes unidades didáticas, partindo da psicanálise existencial.

A terapia de grupo e o psicodrama foram alguns temas propostos como objeto de investigação.

A partir dessa tarefa acadêmica, o psicodrama começou a se tornar, para mim, uma preocupação realmente séria.

Meu interesse por seus aspectos teóricos logo se ampliou, principalmente pelo desafio que significou minha introdução na prática operativa, na categoria de terapeuta de grupo; o interesse tornou-se imprescindível ao iniciar a tarefa docente, na mesma associação em que eu começara minha formação.

Hoje, creio que muitas perguntas teóricas que nos fazíamos naqueles grupos de discussão continuam sem resposta.

Apesar de ainda buscar as respostas, como fios condutores para minhas buscas, e com o mesmo interesse de outrora, só consegui aprofundar-me em algumas poucas.

O conteúdo deste trabalho gira fundamentalmente em torno de algumas dessas poucas respostas que puderam se transformar em objeto transmissível.

A atividade sistemática, por muitos anos, no ensino do método psicodramático, ofereceu-me oportunidades significativamente motivadoras para a reformulação constante dessas inquietações.

Pelas características específicas do próprio meio cultural psicoterapêutico da cidade de Buenos Aires, tive o ensejo de contar, entre meus alunos e no âmbito da clínica privada institucional, com uma verdadeira massa crítica formada em diferentes escolas psiquiátricas e psicoterapêuticas.

Ali estavam representadas as principais linhas de pensamento do nosso meio, e por isso era onde se encontravam as possibilidades de referência e de oposição entre marcos teóricos nitidamente diferentes. Aquela massa crítica, com capacidade de leitura inerente ao método que eu tentava transmitir, foi uma possibilidade concreta de treinamento constante.

Por um lado, meus interlocutores proporcionavam toda a riqueza e a fertilidade das discussões que, inevitavelmente, surgiam das leituras feitas a partir de pontos de vista distintos.

Por outro, apresentavam às vezes o perigo de algumas controvérsias intermináveis que, no meu entender, geralmente ocorriam pela tentativa de fazer analogias ou confrontações não suficientemente aprofundadas.

Os diferentes modelos revelados durante aquelas discussões em sala de aula, e ocasionalmente sustentados com obstinação, podiam desembocar em posições dogmáticas irredutíveis ou, pior ainda, em ecletismos superficiais. Esses fenômenos ocorriam, em geral, como tentativas de se pôr fim a certas discussões que tinham se tornado repetidamente bizantinas.

Era sempre mais fácil concordar-se quanto à prática, especialmente quanto à experiência hospitalar conjunta, quando compartilhada por nós.

As observações levaram-me a assumir, como ponto de partida, uma atitude especial diante de hipóteses tão diferentes.

Como propôs Moreno, pareceu-me fundamental encarar o trabalho teórico relacionado ao método colocando entre parênteses toda opinião prévia estranha ao próprio método.

Segundo um critério próprio, o trabalho de abordagem do psicodrama moreniano e de suas razões e objetivos devia começar com uma suspensão provisória de tudo o que entendíamos e conhecíamos anteriormente.

Quem passou pela experiência sabe como é difícil e angustiante nos desprendermos daquilo que já conhecemos e que nos proporciona uma certa segurança.

Entretanto, valia a pena empreender a tarefa.

Com muita freqüência, exceto quando se tratava dos textos e trabalhos do próprio Moreno, sempre se teorizou sobre o psicodrama a partir de outros sistemas de pensamento.

Isso enriqueceu muito o estudo, mas também limitou um pouco as formulações teóricas.

Quando se quer introduzir um método em um sistema conceitual surgido para sustentar outro, cedo ou tarde acaba-se com a impressão de cair num labirinto.

Eu observara com bastante freqüência alguns deslizes cometidos por excelentes psicodramatistas, que terminavam contendo a própria criatividade por desejarem ficar em paz com esta ou aquela ortodoxia.

Em seus trabalhos fundamentais, Freud propôs claramente, como objeto de suas investigações, o desenvolvimento de uma teoria dos impulsos libidinais. No entanto, ele próprio deixou em aberto e enfatizou a necessidade de se desenvolver uma teoria dos impulsos do eu.

Apesar dos excelentes seguidores que continuam aprofundando seu sistema teórico magistral, o desafio do mestre, quanto à necessidade de um estudo mais completo que permita a estruturação de uma teoria dos impulsos do eu, a meu ver não está desenvolvido na bibliografia psicanalítica especializada.

A princípio, pareceu-me fascinante tentar uma leitura de Moreno por esse ângulo, para investigar em que medida o psicodrama poderia ocupar esse espaço.

Quase imediatamente, entretanto, tive de admitir que, se quisesse ser coerente com minha decisão, deveria colocar isso também entre parênteses.

Apesar de tudo, o desafio deixado por Freud continua presente, indicando-nos outros possíveis caminhos de investigação e incentivando a criatividade para buscar em campos ainda não explorados.

Com essa nova postura, o primeiro objeto de revisão voltou a ser a concepção moreniana do desenvolvimento da identidade na criança, o que me conduziu a uma releitura de sua teoria dos papéis e os conceitos de matrizes em que os papéis surgem pela primeira vez.

Em 1970, já trabalhara bastante sobre o modelo evolutivo, do ponto de vista dramático. Com isso reorganizei minhas turmas e abri a discussão com colegas e alunos.

No final de 1974, comecei a perceber que permanecíamos com sérios problemas para desenvolver o pensamento em cenas, no treinamento dos jovens psicodramatistas.

Devido a minha formação anterior, há muito eu instituíra em nossa escola a prática sistemática dos jogos dramáticos.

Entretanto, apesar da importância que atribuíamos a essa vertente de formação no planejamento curricular, eu ainda observava algumas deficiências na prática.

Estas, em geral, ficavam patentes quando os enfermeiros iniciavam seu treinamento em serviço, integrando-se aos grupos de pacientes que funcionavam no Centro de Saúde Mental em que trabalhávamos.

Primeiro, eles circulavam como observadores participantes e egoauxiliares espontâneos, supervisionados pelos coordenadores e egoauxiliares profissionais.

A primeira tarefa deles era manter atualizado o registro das sessões; além disso, participavam ativamente do controle que efetuávamos após cada sessão de grupo. Aos poucos começavam a assumir novos papéis de direção.

Nessas tarefas, eu observava a dificuldade que tinham de se lançar nas cenas por sua própria capacidade de pensar, e via de regra acabavam se sujeitando aos critérios e aos modelos dos instrutores.

Essa inquietação fez com que eu desembocasse, juntamente com minhas turmas, num novo objeto de trabalho. Achei que um conhecimento mais aprofundado das origens da representação dramática seria útil para o desenvolvimento conceitual e proporcionaria mais confiança. Acreditava que o produto dessas investigações poderia ajudar na busca de um contexto teórico para fundamentar a prática psicodramática, no que se refere ao hábito de pensar dramaticamente em cenas.

Tendo em mente esse objetivo, comecei relendo os antecedentes da representação dramática no ato mimético e no ato mágico para, posteriormente, estudar seu surgimento no contexto dos rituais míticos das culturas primitivas. Em seguida, abordei seu prosseguimento na tragédia grega, a qual veio alimentar o fenômeno teatral no Ocidente.

Reestudei também o segundo momento fundamental do fenômeno dramático ocidental, seu desenvolvimento e sua decomposição, que ocorre no teatro litúrgico medieval.

Além disso, achei importante realizar um estudo comparativo dos fenômenos dramáticos americanos e de outras culturas.

Nenhum desses textos era novo para mim, uma vez que me acompanharam em minha etapa teatral, mas agora eu os redescobria sob nova ótica. Reencontrar esses temas fez-me recordar com alegria o que senti na ocasião.

Naquela época, ao ler sobre teatro havia em mim um certo *sentimento de culpa*, como se estivesse subtraindo tempo de minhas leituras médicas; e ao ler sobre medicina, sentia-me roubando tempo do teatro. Agora estava vivendo uma espécie de síntese, e isso me apaixonava.

Espero que o leitor saiba tolerar os defeitos que certamente devem refletir essas paixões no texto do trabalho que ora apresento. Entretanto, ao lado dos entusiasmos pessoais, fui percebendo que esse campo de trabalho, por si só, não era suficiente.

Se quisesse me aproximar do âmago do fenômeno dramático, deveria também estudar as matrizes em que tais fenômenos foram ocorrendo e ainda ocorrem.

Compreendi também que essa vertente deveria ser estudada o mais exaustivamente possível.

Nessa tarefa, foi-me de grande utilidade tudo o que aprendi nos seminários de meu estimado amigo, o professor Roberto Yañez Cortés.

As sistematizações que fez das linhas de pensamento das escolas fenomenológicas, assim como sua orientação, que me abriu a porta do conhecimento dos trabalhos no cenáculo argentino sobre a mesma disciplina, foram ajudas inestimáveis.

Os trabalhos dos maiores expoentes do pensamento fenomenológico argentino, Carlos Astrada e Carlos Cossio, foram orientadores poderosos por intermédio dos ensinamentos de Roberto.

A eles pertence, fundamentalmente, tudo o que aparece neste trabalho como descrição das diferentes matrizes da consciência mágica, da consciência mítica e da consciência lógica, assim como suas ordenações axiológicas. É por essas matrizes que rastreio a evolução do ato dramático. Os erros de aplicação, se houver, devem ser imputados unicamente a mim.

O que se comprovou é que essas descrições, realizadas pelo método fenomenológico, proporcionaram-me não apenas o instrumento teórico para incrementar o treinamento da capacidade de pensar em cenas — o meu primeiro objetivo —, mas também abriram-me novos campos de trabalho.

A primeira parte deste livro trata exatamente do produto desse rastreamento original.

Analisa o nascimento da representação dramática, estuda sua evolução, as posteriores transformações e descreve as matrizes. O que está aqui exposto é resultado da aplicação do método fenomenológico ao estudo dos antecedentes dramáticos que deram origem e sustentam o psicodrama moreniano.

A segunda e última parte deste trabalho ocupa-se do próprio método psicodramático.

Descreve a visão antropológica de Moreno e a razão de sua proposta dramática resolutiva; isso após uma breve revisão de sua concepção do processo da identidade humana. Um subtítulo desta parte é dedicado ao conceito de *cena nuclear conflitiva*, bastante útil em minha opinião para se compreender por que o grupo psicodramático pode ser entendido como a proposta de uma nova matriz resolutiva.

Além disso, descreve o *modus operandi* da proposta.

O trabalho finaliza com um estudo sobre o fenômeno da *catarse de integração*, um tema que acho importante que se continue investigando mais profundamente.

Escrevi este livro pensando nos jovens psicodramatistas em formação. A eles pretendo propor dúvidas em torno de algumas inquietações que tanto me estimularam e me uniram a meus inquietos companheiros nos grupos de discussão a que me referi antes.

Se este trabalho motivá-los na mesma direção, cumprirá seu principal objetivo.

No aspecto teórico, as perguntas são sempre mais importantes que as respostas. Estas devem ser consideradas simples marcos no caminho acumulativo e apositivo que sempre nos aguarda.

Para transitar nesse caminho, faz falta o estímulo permanente de perguntas inquietantes.

São as perguntas que nos aproximam da verdade; as respostas são sempre insuficientes.

Recordo-me de que meus mestres diziam isso, mas então eu não podia compreendê-los totalmente.

Creio que o estudo profundo das características das matrizes do pensar mágico, do pensar mítico e do pensar lógico pode lançar novas luzes aos psicodramatistas na tentativa de maior compreensão teórica do que acontece nas etapas do desenvolvimento infantil descrito por Moreno.

Nesse desenvolvimento, a criança também passa, tal como o homem primitivo, por diferentes formas de consciência.

Em minha opinião, fazer uma analogia entre as estruturas do pensar mágico, do pensar mítico e do pensar lógico com as matrizes evolutivas de Moreno abre novas linhas de reflexão para uma revisão psicodramática dos modos de ser agrupados taxionomicamente pela nosologia clássica nos quadros das psicoses, das psicopatias e das neuroses.

Sigo esta mesma linha em outro trabalho que será lançado sob o título de *Psicodrama, Actos Fundantes y Modo de Ser*.

Conseguir novas bases conceituais nesse sentido nos permitirá não só sistematizar melhor as táticas operativas nas diferentes estratégias terapêuticas que devem ser seguidas no tratamento psicodramático dos diversos modos de ser; acredito que poderá também proporcionar novos fios condutores na pesquisa teórica do psicodrama.

Maiores esclarecimentos da permanência humana na *fome de atos* da fase mágica infantil e um estudo mais aprofundado das perturbações de seu resíduo, *a fome de transformação*, nos situarão teoricamente diante das problemáticas humanas relacionadas às patologias da excitação e da acomodação, seja no processo evolutivo, seja no processo terapêutico, temas que me parecem muito importantes em nossa especialidade.

Aprofundando-nos teoricamente, talvez possamos compreender melhor, sob a ótica psicodramática, os temores que se fixam naquelas ansiedades básicas.

Refiro-me ao temor cósmico, ao temor ao outro e ao temor trágico ou da finitude humana.

Esses estudos poderão ampliar nossas bases conceituais para uma interpretação psicodramática mais acurada do porquê de essas angústias básicas irem se transformando, segundo os diferentes modos de ser, no medo de se encontrar ou de se perder um vínculo, assim como nos temores de permanência ou de mudança, que são as emoções cardeais nas quais se estampam e cristalizam os diferentes modos de ser. Para concluir, considero que o estudo comparativo mais aprofundado entre as diferentes estruturações axiológicas, específicas da ordem mágico-mítica e da ordem ideológica com respeito às ordenações dos valores característicos de cada etapa do processo evolutivo humano, pode nos oferecer também um instrumento valioso para melhorar a conceituação psicodramática dos fenômenos de transferência em psicoterapia.

A compreensão mais profunda da dinâmica dos valores que atuam intimamente nos limiares da transformação existencial fará com que assumamos eficazmente o papel de facilitadores no processo terapêutico em que estamos empenhados.

PRIMEIRA PARTE

Magia, Mito e Representação Dramática

A DANÇA E A REPRESENTAÇÃO DRAMÁTICA: ANTECESSORES DO PSICODRAMA

A dança e a representação dramática são velhas invenções do homem. São tão antigas que têm sua origem no próprio limiar das culturas.

O homem primitivo, ao descobrir a dança, lançou-se, juntamente com seu corpo, à busca da unidade, do equilíbrio e da harmonia expressiva de todo o ser.

No mesmo contexto ritual em que lança o corpo na busca total de movimentos libertadores, ele descobre também sua capacidade histriônica.

As primeiras ações dramáticas do homem provavelmente foram miméticas.

Nos ritos mágicos originais da caça, por exemplo, as ações dramáticas devem, certamente, ter-se inclinado ao domínio da presa. O caçador-mago duplicava dramaticamente, com suas ações, o animal apetecido. Pouco a pouco, foi adquirindo uma grande perícia mímico-gestual nesses atos de duplicação (no sentido psicodramático atual do termo), até conseguir *encarnar* e, a partir daí, propiciar religiosamente os atos profanos que, com grande habilidade, logo executaria na prática da caça.

A partir dessas primeiras ações dramáticas, o homem ofereceu a si mesmo e compartilhou com sua comunidade um método eficaz e original que lhe permitiu começar a organizar sua realidade e tentar uma aproximação com o mistério insondável do mundo em que vivia e no qual estava não apenas situado, mas profundamente imerso.

O ato dramático emerge do ritual mágico; mas se definirá como representação dramática propriamente dita no contexto do rito-oferenda mítico das culturas arcaicas posteriores.

Podemos falar concretamente em *representação dramática* quando ocorre o advento da consciência mítica, segundo passo na evolução do pensar humano.

Nesse marco referencial do pensamento (o anterior fora a consciência mágica), o ato dramático é claramente definido e distinguido como um jogo de simbologia compartilhada.

Com a descoberta desse jogo, a comunidade primitiva pôde encarar dramaticamente o mundo e abarcar a realidade incomensurável na totalidade dramática de um mito. Esse é o poder original reiterador do rito dramático. A norma que sustenta seu jogo representativo é a lei da simulação ou ficção, e seu domínio é o campo do imaginário.

As qualidades resolutivas que são a essência do rito da dança e do drama, e que foram descobertas pelo homem em suas origens culturais, foram redescobertas neste século por Jacob Levi Moreno, em sua atual dimensão psicoterapêutica.

O APARECIMENTO DO HOMEM

As origens do planeta Terra podem remontar a quatro bilhões de anos, um tempo que, sob nossa estreita ótica, parece sideral.

Também sabemos pelos últimos trabalhos da antropologia física que vem se fortalecendo a hipótese de que os limiares da hominização ocorreram entre um a quatro milhões de anos atrás.

Mesmo assim, segundo os últimos achados, parece que o berço desse salto qualitativo foi o continente africano.

Isso reforçaria as hipóteses unigenéticas do gênero humano.

Na era em que se situa o início da hominização, o dinossauro já estava completamente extinto, aproximadamente 70 milhões de anos antes; mais de 66 milhões de primaveras se passariam antes do surgimento do homem na face da Terra.

Seja como for, aqueles primeiros homens conviveram e compartilharam a Terra com outras espécies da macrofauna, como o megatério e o cleptodonte, e assistiram a seus desaparecimentos.

As extinções dessas formas da macrofauna e da macroflora parecem ter sido condicionadas, especialmente, aos fenômenos do último período glacial e aos seus processos cataclísmicos.

O homem primitivo, que soube se resguardar do intenso frio sob peles e couros, assim como produziu e controlou o fogo, foi espectador dos excepcionais fenômenos que nesse período se sucederam na Terra, e sobreviveu a todas as ameaças.

Esses homens foram protagonistas dos poderosos acontecimentos desse dramático processo geológico e, assim, conseguiram sobrepor-se a eles.

Foi uma era verdadeiramente titânica e heróica.

Imaginemos, por um instante, esses primeiros homens situados nesse ambiente.

Evidentemente, diante das fúrias naturais desencadeadas, o ser primitivo devia se sentir completamente indefeso.

Atônito, aniquilado, abandonado a sua grande insegurança, ele oscilava entre ficar paralisado ou fugir, indiscriminadamente.

Sob o estreito ângulo de espectador, esse homem só podia dirigir o olhar em duas direções.

Para fora (o macrocosmo), onde a natureza dominava; ou para dentro, onde sua própria natureza (seu microcosmo) povoava-se da plena irrupção e mobilização dos afetos mais veementes e profundos. O pânico, a angústia, a ira e o desejo irrompiam com toda a intensidade. Eram as paixões que o inundavam e invadiam sua intimidade.

No macrocosmo, a natureza não podia ser percebida senão como um conjunto de forças cegas, arbitrárias, indiferentes e caprichosas que se desencadeavam e cresciam surpreendentemente.

Ao olhar para dentro, em seu microcosmo, o conjunto de paixões, mobilizadas pelo aniquilamento, moviam-se em torvelinho e compunham uma vivência íntima e original, específica do homem. Esse torvelinho íntimo foi o *pathos original* do homem primitivo.

Mas foi precisamente a partir dessas experiências de insegurança e assombro, por sua possibilidade peculiar de pensar e de fazer, que o homem passou de um primeiro estado passivo, ou uma posição de aniquilamento, para o ato resolutivo e liberador de uma conduta.

A EXPERIÊNCIA E O PENSAMENTO ESPECÍFICOS DO HOMEM

Como já vimos, o homem em suas origens situava-se diante de algo totalmente desconhecido, ou seja, o poder caprichoso das forças da natureza. Foram essas as suas vivências originais.

Concomitantemente, desde o princípio, como *homo faber*, e visando a sobrevivência, ia-se afirmando na manipulação e no uso dos utensílios, na experiência que lhe proporcionava a provisão de alimentos, na domesticação dos animais, no controle e no domínio do fogo e da água domésticos e, finalmente, no cultivo da terra fértil.

Diante dos cataclismos naturais e dos elementos desencadeados ele ficava exposto com toda a sua insegurança; somente uma atitude pragmática perante a realidade e os afazeres cotidianos fariam aparecer uma segurança crescente, um poder, uma capacidade de domínio e também os primeiros sentimentos de euforia diante das práticas de domesticação dos animais.

Desse modo, o homem foi observando sua capacidade de instaurar uma ordem e, a partir daí, pôde se dedicar à organização dos aspectos mais imediatos de seu mundo.

Surgem então as categorias do sagrado e do profano, vertentes em que o ser primitivo divide, desde o princípio, o amplo campo de suas experiências.

No profano estava incluído tudo aquilo que se referia ao sentido pragmático da vida. No sagrado, tudo o que estava relacionado às fúrias naturais, ao destino, aos mistérios insondáveis do universo físico ou àqueles de seu próprio mundo íntimo.

No campo do profano, o homem primitivo instituiu-se e estabeleceu-se, desde suas origens, no princípio do pensar lógico. Sabia muito bem que para obter a faísca devia antes golpear a pedra; que antes de semear era preciso arar a terra; que a qualquer conseqüência correspondia uma causa.

Esse aspecto do mundo era o campo de suas auto-afirmações diárias: todos os pequenos atos pelos quais exercia seus poderes cotidianos.

Entretanto, algo continuava fora da ordem: as chuvas, as secas, os grandes movimentos da terra, a imprevisibilidade dos poderes naturais; também permanecia de fora o destino final do homem, o que está além de sua finitude humana.

Para tudo que continuava fora da ordem, sob o ponto de vista pragmático, deveria ser criado um método que também possibilitasse alguma ordenação reconfortadora.

O HOMEM PRIMITIVO E A RAZÃO MÁGICA

A magia é a primeira tentativa metodológica que o homem faz para buscar essa ordenação reconfortadora.

A razão mágica será aplicada à vertente do sagrado e a todas as suas incógnitas.

Ela surgiu porque era necessário e inevitável que o homem primitivo controlasse esse aspecto do mundo.

Mediante esse método inicial, o homem começa a organizar suas primeiras experiências de confrontar as instabilidades naturais e o seu destino.

Começa, então, a superar o *pathos original*, que antes o aniquilava, imergindo-o no caos interno, no enfrentamento obrigatório dos aspectos ameaçadores.

É extremamente esclarecedor e apaixonante encontrar, nos achados arqueológicos, elementos que indicam esses primeiros passos metodológicos do homem primitivo.

O problema é a dificuldade de resgatá-los, já que quase sempre estão mascarados pelos produtos de culturas posteriores, que se sobrepuseram às mais arcaicas.

Um exemplo concreto pode ser observado na tampa de bronze de uma urna funerária da necrópole de Bizâncio, que atualmente está no Museu de Villa Giulia, em Roma.

Apesar de o mundo primitivo etrusco aparecer ofuscado pelos aspectos helenizados, é possível rastrear ali alguns ritos peculiares da Etrúria arcaica.

A religiosidade etrusca original e sua cosmovisão estavam assentadas numa cultura eminentemente agrícola e numa base primitiva relacionada às fúrias telúricas, aos poderes e às tentativas mágicas que o homem fazia para domesticá-las e dominá-las.

A tampa de bronze a que me referi tem um dado muito importante nesse sentido.

Observa-se ali uma representação ritual em que um grupo de etruscos armados circundam um ser monstruoso, que pode ser reconhecido como uma divindade das profundezas e pertencente à religião daquele povo.

Essa figura, embora não seja antropomorfizada, tem a aparência das horrendas larvas infernais, que também podem ser rastreadas nas tradições romanas primitivas.

Eis como o pensamento mágico e seus ritos incipientes, com os quais tentava-se domesticar as fúrias, são os primeiros passos no afã de se estabelecer uma ordem.

Finalmente, por meio desse método de busca, o homem alcança uma cosmovisão original que legitima a ordem. Uma vez obtida a ordem, as divindades furiosas começarão a se antropomorfizar.

COMO SURGE O PENSAMENTO MÁGICO

A possibilidade do pensamento mágico surge no homem a partir da experiência íntima de estados emocionais poderosos.

Aguçado pela mobilização íntima, o homem não dirige mais o olhar para a natureza, mas volta-o para si mesmo, em busca de uma saída.

A relação sincrética entre o macro e o microcosmo é um dos princípios do pensamento mágico.

No caminho para essa intimidade, o homem vai descobrindo as forças de seus impulsos, de suas emoções e de seus desejos contrastados.

É algo compreensível, se levarmos em conta que o homem se distingue dos demais primatas por sua capacidade de considerar a si mesmo como objeto do próprio pensamento.

Do ponto de vista da evolução, o início dessa reflexão foi um dos atos básicos que tornou possível o salto para a humanização.

A cultura etrusca volta a nos servir de exemplo para a relação íntima primigênia que o homem estabelece entre macrocosmo e microcosmo.

O patrimônio da ciência divinatória etrusca foi mais famoso na época áurea dessa cultura e finalmente transcendeu as culturas itálicas vizinhas.

Os romanos costumavam recorrer aos adivinhos etruscos para esquadrinhar seus próprios destinos.

É evidente que essa "ciência" evoluída e culta do mundo etrusco, a cosmovisão mítico-religiosa, tem suas raízes nas eras mágicas mais arcaicas que deram origem às primeiras práticas.

O adivinho etrusco evoluído, além de observar o vôo das aves, praticava como método de adivinhação a técnica *aruspicina*.

Técnica essa que consistia em observar as vísceras dos animais sacrificados.

Dentre todas as entranhas, os adivinhos esquadrinhavam de preferência o fígado.

Numa prática e doutrina caras aos etruscos, e que logo os tornariam famosos em toda a península na Idade Antiga, pois baseavam-se no princípio arcaico mágico da analogia íntima e oculta entre o macro e o microcosmo.

Vestígios desse princípio são encontrados em muitas civilizações e culturas evoluídas, e é um dos pontos cardeais da ritualidade mágica mais primitiva que conduz, entre outras coisas, ao conceito de divisão do mundo e do espaço em zonas desfavoráveis e favoráveis, e interliga-se a outro princípio mágico arcaico, o de inclusão e exclusão. Como um estrato residual, esse princípio posteriormente fará parte da cosmovisão mítica na qual o mundo será pensado nas categorias do familiar e do estranho.

Os primeiros rituais mágicos surgiram de modo análogo aos que hoje podemos observar clinicamente e reconhecemos como fenômenos de magia espontânea: são frutos dos desejos intensos de uma emoção contrastada.

No exemplo clínico, quando o objeto amado não corresponde ao desejo poderoso daquele que ama, hipoteticamente, esse último, em sua intimidade, encanta a união com seu objeto e o abraça num ato ritual. É um ato individual que tem todas as características do ato mágico. Tal como no exemplo clínico, a magia é o modo de pensar do primitivo e se baseia na confiança absoluta de que "a esperança nunca falha e o desejo jamais engana".

Essas idéias são em geral ditadas sob a poderosa influência de algum desejo individual ou compartilhado por todo um clã.

O objetivo buscado pelo método da razão mágica é o domínio do sagrado e sua estratégia; por isso, a magia está impregnada de mistérios, de obrigações e tabus.

A cosmovisão mágica é sempre do tipo animista; esta é uma característica essencial que perdurará também na conseqüente cosmovisão mítica.

Nessa maneira de se imaginar o mundo, tudo é concebido como uma unidade animada. O homem primitivo sentia-se imerso nessa unidade.

Um dos pressupostos do pensamento mágico é que todos os aspectos do universo animado podem ser controlados por meio de atividades dirigidas à totalidade e a cada uma de suas partes, como se fossem elementos vivos e, por isso, passíveis de serem domesticados.

O pensamento mágico estabeleceu como objetivo precisamente o domínio do mundo natural, encantando-o ou domesticando-o, como se fazia com um animal. Eis o sentido profundo da cena dramática que aparece na tampa de bronze do exemplo etrusco.

Torna-se claro que, com o pensamento mágico, o homem enfrentou o sagrado e, ao mesmo tempo, seu pensamento seguia uma linha lógica em tudo o que se referia ao profano.

As fórmulas mágicas complicadas, que sempre acompanhavam os atos profanos e que fizeram os estudiosos do passado (anteriores aos antropólogos e etnólogos modernos) pensar que os primitivos careciam de um método lógico de pensar seus atos profanos, na verdade dirigiam-se à proteção dos caprichosos fenômenos naturais e do destino. Seu objetivo era evitar o granizo ou conter as secas. Eram fórmulas que indicavam o sagrado para a obtenção do milagre desejado (entenda-se por milagre a vivência do poder de domesticação das forças imprevisíveis). Enquanto isso, nas lavouras seguiam-se os princípios que regiam todo o trabalho. As fórmulas e os atos mágicos rituais completavam os atos profanos, complementando-os sem substituí-los.

23

Como primeiro método do pensamento pré-lógico, a razão mágica que visava a ordenação do sagrado baseou-se no princípio de participação e exclusão para alcançar a ordem. Desde a origem, com esses princípios surgiram as práticas da magia branca, que tenderiam para a participação e o propiciatório, e as práticas da magia negra, que tenderiam para as exclusões.

DA MAGIA INDIVIDUAL
À MAGIA COMPARTILHADA

As práticas mágicas espontâneas e individuais que surgiram a princípio como atos ditados por uma grande carga de *pathos*, na possibilidade de se relacionar consigo mesmo e na absoluta intimidade do ser primitivo, foram também aplicadas à interação com o outro, na vertente de *Eros*, que é outra das peculiaridades da natureza humana.

Dessa forma, a prática mágica transcende do individual ao vínculo e institui a família, o clã ou a tribo, como possibilidades de participação e de exclusão, tendo em vista uma decisão compartilhada.

A razão mágica foi, assim, o primeiro método que sustentou a dinâmica de grupo e os fenômenos das interações humanas nos primórdios das culturas.

A partir daí, com a divisão do trabalho e a distribuição de papéis, surge o papel do mago. O mago é quem conhece as fórmulas e os ritos intricados da magia. E pode ser o depositário desse poder outorgado pela comunidade, que por sua vez tornou-se comunidade precisamente porque partilhou da mesma cosmovisão, dos mesmos princípios, e se organizou em uma ordem baseada em atos de cooperação e na busca da segurança comum.

É assim que surge a *sociedade real primitiva* (assim chamada por Carlos Astrada em suas pesquisas), em virtude da ordenação mágica inicial. É uma sociedade pré-lógica, a-histórica e pré-simbólica em tudo o que se refere ao sagrado, e absolutamente lógica em relação ao profano.

A COSMOVISÃO MÁGICA

Na cosmovisão compartilhada pela sociedade real primitiva mágica, cada parte se explica pelo todo e vice-versa. Tal como acontece no sagrado, parte-se do microcosmo para se resolver os enigmas do macrocosmo e compor uma imagem dele. Entretanto, o homem dessa sociedade não está distanciado dos objetos, mas encontra-se sincrética e intimamente unido a eles. É apaixonante observar a correspondência entre essa etapa original do desenvolvimento da humanidade e o desenvolvimento individual da criança, segundo a concepção moreniana, na etapa da *matriz de identidade*.

Na etapa mágica, o homem não necessita de símbolos que representem seus objetos. O *objeto* está essencialmente unido ao todo animado do qual o próprio homem é parte integrante. Não há sujeito e objeto para o homem assim situado e, por isso, ele ainda não tem necessidade de símbolos.

O todo é, então, atemporal e absoluto.

Foi nesse contexto que os atos rituais mágicos surgiram como as formas originais e básicas da organização humana.

OS ELEMENTOS DA MAGIA

Do ponto de vista da descrição fenomenológica, a razão mágica, como método de pensar, consta de dois elementos: a consciência mágica e o rito mágico.

A consciência mágica é o aspecto subjetivo do método. O rito mágico é o seu aspecto intersubjetivo, pois dele participam todos os integrantes da comunidade. Em virtude da aquisição de uma cosmovisão intimamente consubstanciada com seu mundo, é por meio desses ritos que uma sociedade vai se constituindo.

Uma sociedade assim constituída está sincreticamente unida ao mundo do qual faz parte, numa realidade vivencial totalizadora.

Essas sociedades são denominadas, pelos fenomenólogos, entre eles Carlos Astrada, *sociedades reais primitivas* de cosmovisão mágica.

OS COMPONENTES DO OFÍCIO MÁGICO

Em todo fenômeno mágico existem essencialmente dois componentes: a fórmula e o ato mágico.

As fórmulas mágicas são enunciadas pelo mago e em geral se compõem de vozes evocadoras ou, mais diretamente, de ordens de comando.

Mediante a evocação busca-se conjurar, chamar, afastar, fazer participar ou excluir. As formas de enunciação geralmente apontam para o onomatopaico. Apóiam-se mais no tom que nas formas de articulação. Em se tratando de ordens, tendem para a domesticação das forças naturais a que se dirigem.

Não são palavras formuladas simbolicamente; são vozes de comando e não símbolos.

Por exemplo, o mago, com um assobio, não está representando o vento, mas "encarnando-o", e como o vento encarnado pode dar ordens a todos os ventos.

Esse conceito de encarnação e sua evolução posterior são fundamentais para a compreensão da emergência da representação dramática que nos interessa.

Vejamos como ainda permanecem vestígios desse conceito mágico nos ritos míticos mais evoluídos.

UM EXEMPLO DE RITUAL ARCAICO

É interessante observar as transformações por que passou o culto dionisíaco na Grécia.

Como em um afresco exemplar, vê-se nessas transformações todas as etapas fundamentais. Trata-se de uma verdadeira mostra evolutiva de todos os elementos genéticos dos diferentes tipos de consciências do homem, desde os tempos arcaicos: da Antiguidade às formas de razão nas quais o homem de hoje pode se reconhecer.

Este tópico destina-se a rastrear os antecedentes mais arcaicos do culto dionisíaco, para provar que, no início, seus ritos estavam impregnados dos antecedentes mágicos que o originaram.

O culto a Dioniso é antiqüíssimo e, como outros cultos que serão mencionados adiante, tem origem agrícola.

O início no tempo é impreciso, pois vem desde a pré-história. Seus elementos e temas parecem afluir de vários países vizinhos da Grécia, basicamente da Trácia, de onde também provém o culto órfico. A todas essas influências concorrentes foram-se agregando os elementos míticos da própria Grécia arcaica.

A teogonia dionisíaca, do modo como é conhecida na atualidade, é especialmente complexa e rica em lendas e cenas dramáticas intricadas, pois nela estão contidos, sob formas distintas, quase todos os grandes mitemas que preocuparam o homem antigo e continuam nos preocupando.

Apesar de sua complexidade, é possível rastrear as raízes mágicas da teogonia religiosa. O que nos permite indicar de modo preciso essas origens são as descrições gregas clássicas de seus primeiros rituais.

Parece que, no início, essas cerimônias coincidiam sempre com a celebração de uma festa campestre. Nessas festas, os participantes do rito dedicavam-se à caça de um animal sagrado, tido como o próprio deus encarnado.

Vê-se claramente aí o resíduo mágico.

Durante a caça, fumar sementes com propriedades alucinógenas e beber vinho iam excitando os fiéis. A música e a dança, por seu lado, favoreciam o aquecimento e, aos poucos, as ações dos concelebrantes alcançavam a têmpera de uma verdadeira orgia mística.

Nesses atos, os participantes do rito cobriam-se de peles e se enfeitavam com chifres de animais selvagens para obter, segundo os cânones das leis da simpatia e do contágio, o valor que os lançaria na pista do animal sagrado.

Uma vez capturado, o deus encarnado era esquartejado e depois comido num ato ritual, por intermédio do qual todos os presentes tornavam-se partícipes do poder da divindade.

Portanto, os fiéis compartilhavam da natureza do deus e o encarnavam.

Os atos mágicos estão sempre imbuídos do conceito mágico da encarnação e invariavelmente culminam no contágio.

A encarnação mágica tem um paralelo no psicodrama, com a técnica do duplo *descrita e observada* por Moreno na etapa evolutiva da criança, denominada *matriz de identidade*.

No entanto, o homem primitivo de cosmovisão mágica, assim como a criança em sua matriz de identidade, não havia chegado à possibilidade da inversão de papéis.

Das gesticulações, dos movimentos e deslocamentos corporais que acompanham as fórmulas do ato mágico, originaram-se os primeiros movimentos cênicos da representação dramática, cujo estudo abordamos.

Para ter acesso a ela, o homem primitivo teve de passar da técnica do duplo para a inversão de papéis; da encarnação para a diferenciação do outro papel.

Para dar esse salto, teve de passar do pré-simbólico do pensar mágico para o simbólico específico da razão mítica.

O exemplo que utilizamos anteriormente, embora esteja imbuído do segundo contexto, o mítico, deixa entrever claramente seu resíduo original, específico da consciência mágica.

CARACTERÍSTICAS DO RITO MÁGICO

Uma característica essencial desse rito, uma vez saído da esfera individual, é a possibilidade de ser compartilhado como uma celebração. Ocorria em meio a um grupo de participantes, em cujo centro o celebrante do rito mágico executava atos minuciosos, em seqüências prolixas e complicadas.

Tudo isso devia se desenrolar obsessivamente, para promover no grupo o sentimento inquestionável de que, assim, os poderes das fúrias podiam ser ordenados, disciplinados e controlados.

À desordem da natureza opunha-se a ordem reiteradora e domesticadora dos atos e das fórmulas mágicas. Ao poder cego das forças naturais opunha-se o poder onipotente do rito mágico, compartilhado por cada um dos integrantes da comunidade, que se solidarizavam na ressonância emocional de um *pathos* comum.

No centro de tanta atenção e expectativa, o ato mágico devia ser realizado com muita precisão. Qualquer som ou gesto do mago realizado inoportunamente ou mesmo omitido invalidava o rito e exigia que fosse reiniciado.

O homem da *sociedade real primitiva* não questionava a validade, o poder e a eficácia do rito mágico; sabia, sim, que no caminho para a obtenção do milagre podia falhar a implementação e a adequação do rito.

Acatar essas regras estritas, seus mistérios e tabus transformava o celebrante mago no depositário de todo o poder que a intensa crença do grupo lhe outorgava. O mago era, portanto, o único conhecedor e possuidor do complicado ritual e, conseqüentemente, o único responsável por ele.

AS LEIS DA MAGIA

Os atos e as fórmulas do rito mágico eram regidos pelas leis fundamentais da magia: a lei do contágio, também chamada lei do contato, e a lei da simpatia, também denominada lei da semelhança.

Mediante a lei do contágio, o celebrante entrava em contato com o que evocava e convertia-se na mesma fúria evocada; era encarnado por ela e a encarnava. Mais uma vez aparece aqui a técnica do duplo psicodramático que, segundo Moreno, também pode ser observada no processo evolutivo da criança, ao passar pela matriz de identidade.

Pela lei da simpatia, tudo o que era imitado era um contínuo do que se evocava e parte integrante dele.

Por essa segunda lei, as formas imitativas e miméticas dos atos e das fórmulas mágicas também convertiam o celebrante no próprio poder que ele conjurava.

O ato ritual mágico, por ser, segundo essas leis, sempre encarnador, desemboca no efeito de uma grande carga de *pathos* concentrada no celebrante.

As vivências de encarnação, graças a essa tendência à concentração do *pathos* no celebrante e à má distribuição da energia afetiva no grupo, inevitavelmente produziam fenômenos de comoção, como verdadeiros curto-circuitos interpsíquicos no grupo participante ou intrapsíquicos no encarnado.

A TENDÊNCIA PARA O SACRIFÍCIO

A alta tensão derivava muitas vezes no sacrifício do encarnado. Foi essa a forma primitiva de resolver os curto-circuitos emocionais.

Em geral, o resultado era o afastamento do grupo e a alienação do depositário, que devia funcionar como catalizador emocional. Obtinha-se isso por meio do tabu que condenava o estranho, que era executado por rejeição ou por exclusão do grupo e, mais diretamente, pelo sacrifício físico daquele que havia encarnado. Desse modo, surgiu o papel da vítima propiciatória, e essa era a função que ela desempenhava no rito.

A palavra grega *protagonista* significa precisamente "aquele que originariamente agoniza". Está relacionada a esses atos antiqüíssimos, perdidos na proto-história mágica da Grécia original.

DAS OFERENDAS PROPICIATÓRIAS À SIMULAÇÃO

Em algumas comunidades, a grande concentração de *pathos* derivou rapidamente em descarga nos objetos ou em determinados animais, que, em seguida, eram oferecidos aos mesmos deuses como vítimas propiciatórias. Um exemplo claro é o bode dos primeiros rituais agrários. Na verdade, tanto os objetos-oferenda quanto as vítimas propiciatórias cumpriam a função de válvulas de escape para a carga emocional do *pathos* mobilizado nas encarnações.

Desde essa época, os homens devem ter compreendido que as formas rituais de substituição podiam ser muito menos dispendiosas que as contagiantes, e foi essa a sua grande invenção originária da *sociedade real primitiva*. Moreno redescobriu as possibilidades desse rito quando começou a se preocupar, neste século, com as crianças abandonadas e marginalizadas e com prostitutas, em suas primeiras observações realizadas nos parques de Viena, de onde derivaram suas investigações.

Tanto as crianças marginalizadas quanto as prostitutas dos parques de Viena transformaram-se em animais emissários de nossa época.

Para tornar possível a descoberta original da substituição pela hipócrisis, o homem da *sociedade real primitiva* teve de dar o salto qualitativo que o tirou do pensar mágico e o inseriu no pensar mítico. Desse modo, passou do pré-simbólico para o simbólico, e do a-histórico para o proto-histórico. Somente com o advento da razão mítica, o ato mágico foi se modificando para as formas mais evoluídas da representação ritual dramática.

A partir de então podemos falar de um jogo ritual dramático, em que o oficiante e seu grupo compreendem que podem vestir e retirar o disfarce das forças naturais que querem propiciar, ou as máscaras que simbolizam os deuses. Além do mais, isso torna-se possível sem os riscos de contaminação. Assim evitam-se as perigosas conseqüências da encarnação e resolve-se a má distribuição da carga afetiva, que antes se concentrava em um único integrante do grupo. Tudo isso só pôde ser efetivado a partir da instituição de uma regra de jogo compartilhada e conhecida por todos: a lei da *imitação* ou lei da *ficção*.

O jogo de *simulação* só é alcançado, como uma verdadeira descoberta, quando o homem adquire a capacidade de simbolização que lhe é outorgada por sua razão mítica.

A REPRESENTAÇÃO DRAMÁTICA

Desse modo nasce a representação dramática no seio da *sociedade real primitiva*.

A partir daí, será o rito resolutivo do *pathos* humano que, mediante seu caráter transitório atemporal, suas leis do *como se* próprias da hipócrisis e os jogos de dramaturgia, oferecerá à comunidade o controle homeostático do *pathos* e o domínio do imaginário.

O rito da razão mítica é uma representação precisamente porque esse termo significa repetir, no marco referencial do *presente*, o ato ritual reiterador, toda vez que for necessário para o grupo.

O que traz, reiteradamente, a um presente atemporal, é o drama mágico original, situado miticamente *in illo tempore*.

A sua possibilidade de repetição ritual permite a instrumentação em benefício da comunidade.

Portanto, representar significa oferecer intencionalmente, no momento escolhido, a possibilidade simbólica mediadora que sintetiza as experiências originais do clã e organiza de forma resolutiva o *pathos* mobilizado na comunidade.

Por isso, todo acontecimento heróico original pertencente à proto-história lendária da comunidade pode ocorrer novamente, como um fenômeno dramático, para a percepção daqueles que o presenciam.

Os participantes podem receber o rito porque estão predispostos e intencionalmente pré-situados no mistério compartilhado do que lhes vai ser revelado.

OS DIFERENTES MODOS DE APARECIMENTO DO RITO DA REPRESENTAÇÃO DRAMÁTICA

Nas culturas arcaicas encontram-se diferentes formas de representações dramáticas.

Suas características peculiares diferem segundo os objetivos de cada uma delas e também segundo a cosmovisão na qual se baseiam.

Encontram-se diferentes amostras de representações dramáticas no cerimonial popular de cada povo.

Por exemplo, as representações que dão forma aos atos celebratórios de determinadas vitórias tribais na caça ou na guerra. Em geral, são representadas as façanhas lendárias que constituem o patrimônio da tribo. São desenvolvimentos dramáticos de atos originais de caça ou representações mitológicas de atos de guerra.

Também é fácil encontrar representações dramáticas nos funerais públicos. Em geral dramatizam-se a morte e a ressurreição do herói-deus que pertence à comunidade.

Mas o mais freqüente nessas culturas é encontrar representações dramáticas nas festas propiciatórias das atividades agrícolas.

Em todos os atos compartilhados é possível encontrar o fenômeno ritual da representação dramática.

Através dela, a *sociedade real primitiva* permite-se canalizar, compartilhar e expressar no rito a alegria, o luto, as frustrações, a dor, o medo ou a coragem e também as paixões eróticas do grupo, num contexto inter-humano continente.

Mais que isso, ela tenta dar um sentido comum a esses sentimentos. Isso quer dizer que, por intermédio da representação, se tenta chegar à produção de valores compartilhados por toda a comunidade, a partir de sentimentos comuns.

É essa a função essencial da representação dramática ritual nessas sociedades.

As diferentes formas que cada caso irá assumindo expressarão os conteúdos específicos de cada um dos mitemas que representam e dos valores que procuram compartilhar.

Entretanto, se tentarmos uma primeira aproximação fenomenológica em todas as suas formas, observaremos sempre um denominador comum que as une. Trata-se do clima emocional de onde partem, ou da parcela de *pathos* nelas contida, e da busca de uma solução mediante a criação de um valor.

Essa é a essência que sempre manifestam.

Voltemos aos exemplos gregos. A Grécia foi uma cultura que se formou, desde os primórdios, com uma organização agrícola.

É nas antigas formas das representações dramáticas de seus rituais míticos que se vêem com maior clareza como começam a se personificar as antigas forças da natureza, até culminarem no processo de antropomorfização.

É possível perceber como as fúrias vão assumindo o aspecto de personagens que logo se mesclarão em interações dramáticas.

De início, essas personagens se contrapõem e se chocam em fantásticas guerras de poder, mas finalmente conseguem alianças e, por meio delas, o equilíbrio de uma organização comum.

O universo fantasmagórico vai-se povoando, cumulativamente, de imagens assombrosas e de acontecimentos criativos.

Aos primeiros deuses, representantes das fúrias naturais, irão se agregando mais e mais arquétipos.

Nesse processo mitopoiético, as pedras que se acreditavam caídas do céu por castigo, assim como as árvores sagradas, os bosques, os animais sagrados e todos os poderes da cosmovisão mágica, serão substituídos por deuses antropomorfos que se tornarão os novos arquétipos de valor. A terra, por exemplo, começa a aparecer como a mãe fértil ou a virgem a ser fertilizada ritualmente.

As novas formas míticas estão sempre relacionadas às forças originais e aos elementos da natureza que eram propiciados nos ritos mágicos anteriores.

Mas agora, na representação desses novos ritos, elas se mostram sob as formas múltiplas das fisionomias mutantes que a atividade mitopoiética do homem grego lhes proporcionou, e, de acordo com a nova cosmovisão, também vão se enriquecendo segundo as necessidades e as exigências do *pathos* humano.

AS REPRESENTAÇÕES DRAMÁTICAS DOS MISTÉRIOS DE ELÊUSIS

Os mistérios de Elêusis, já famosos no século VII a.C., são um bom exemplo do que já descrevemos. Por meio de suas dramatizações propunha-se aos iniciados a lenda de Deméter, que personificava a mãe-terra, dona da vida vegetal e das colheitas. A terra era representada como uma deusa que havia passado por muitas aflições.

A idéia central deste mistério é a seguinte: assim como a vegetação alterna nascimento e morte, também o destino do homem é nascer, viver e morrer, e logo voltar a nascer, viver e morrer, repetidamente.

Esse rito é próprio e característico da maioria dos cultos agrícolas que se complementam com outros ritos repletos de sexualidade. A mentalidade antiga relacionava profundamente a idéia da fecundidade humana com a fertilidade da terra. Mais uma vez, vemos aqui um exemplo do vestígio mágico no pensamento mítico; a estreita analogia entre o macro e o microcosmo se faz presente.

O produto das colheitas e o fruto da fecundidade humana, assim como a fertilidade da mulher e da terra, sempre estiveram intimamente unidos em todas as culturas agrícolas, como também pode se constatar nas culturas indo-americanas.

Mas o mais importante é que os principais episódios da lenda divina de Elêusis eram representados dramaticamente na Grécia Antiga.

Uma parte essencial desses ritos consistia de verdadeiras representações dramáticas sagradas, apresentadas diante daqueles que se iniciavam nesses mistérios e, desse modo, se preparavam para ser futuros sacerdotes do culto.

Nas dramatizações, Cora (Proserpina), filha de Deméter (Ceres), era raptada por Hades (Plutão) e arrastada para a escuridão de seu mundo subterrâneo. Apenas uma vez por ano ela podia voltar à luz da atmosfera.

Na manifestação desse tema mítico, vê-se com clareza a representação do fenômeno natural da semente enterrada na terra que, após longo processo de germinação, brota novamente para a luz.

No sentido mais profundo, o que se representava no mistério indicava as cenas do que está mais além; o outro mundo, com suas regiões de trevas, para onde os que morriam deviam empreender uma viagem angustiante e cheia de dificuldades.

Ao mesmo tempo, em outro nível de interpretação, essas dramatizações apontavam para as aflições existentes num mar de escuridão, o qual todo iniciado deveria atravessar ao explorar suas questões mais ocultas, para alcançar a sabedoria.

De repente, nessas representações dramáticas rituais, por um repentino jogo de luzes provocava-se a volta da claridade, e era isso, seguramente, que reconfortava a alma dos iniciados.

Os antigos estratagemas dramáticos buscavam aplacar a angústia dos noviços.

Desse modo eles conseguiam entrever a bem-aventurança dos eleitos e a possibilidade de um retorno após a temida morte.

Esse é um exemplo claro de representação dramática ritual.

CARACTERÍSTICAS DA REPRESENTAÇÃO DRAMÁTICA MÍTICA

Como se pode observar no exemplo citado, toda representação ritual possui uma estrutura dramática.

Seu desenvolvimento vai ocorrendo em seqüências concatenadas de ações e interações (vale lembrar que "*drama*" significa precisamente acontecimentos, episódios).

No entanto, suas ações já não possuem as características dos atos mágicos de onde se originaram e que agora apenas *representam*.

Diferenciam-se deles por se tratar de um jogo compartilhado, em que todos os participantes (tanto atores quanto espectadores) aceitam a regra fundamental do rito.

E a regra fundamental é a seguinte: aqui estão sendo imitados, fantasiosamente, os episódios originais.

Nesse rito, o dramático é a resolução do *pathos*, na medida em que os celebrantes podem pôr ou retirar as máscaras dos heróis originais e dos deuses diante dos espectadores, que também conhecem e compartilham a simulação.

O que é dramaticamente representado desenvolve-se no *como se*, revivendo o drama original (a morte do herói, por exemplo, e sua descida aos infernos, como nas representações do mito órfico, um dos que se fundamentam nos antecedentes eleusíneos).

A ação mítica lendária é agora representada cenicamente, e é essa representação que salva do trauma alienante da encarnação e suas conseqüências.

O encadeamento das diferentes ações dramáticas que vão dando forma ao rito segue o princípio da unidade temporal, da unidade espacial e da unidade temática que indicam o mito e dão sentido a ele.

A representação dramática emerge no contexto de uma das mais antigas atividades humanas compartilhadas. Suas origens estão nas raízes mais arcaicas das *sociedades reais primitivas* e são oferecidas ao homem como uma possibilidade na relação rito-oferenda, na razão mítico-religiosa, de que o *pathos* grupal e individual seja superado na busca de uma organização social, intermediando a tentativa de estruturação axiológica e de uma ética determinada, que, uma vez encontradas, serão compartilhadas por toda a comunidade.

O HOMEM PRIMITIVO E A RAZÃO MÍTICA

Para melhor compreensão do fenômeno da *representação dramática* devemos esclarecer mais o método de pensar de onde ele emerge. Ou seja, a *razão mítica*. Quando se fala do mítico em geral, faz-se referência também à cosmovisão peculiar do homem.

A cosmovisão mítica, embora provenha e se nutra da cosmovisão anterior, a mágica, coloca-a definitivamente em crise.

Assim sendo, quando uma sociedade passa do mágico ao mítico adquire, ainda que implicitamente, um novo modo de pensar, de sentir e de agir em conformidade com essa imagem peculiar do mundo, e que agora possui as características do mítico.

Essa passagem implica uma reordenação do mundo. O homem disporá de uma nova estruturação axiológica e, conseqüentemente, de uma cosmovisão diferente.

Dito de outra maneira, em toda cosmovisão o homem concede a si mesmo novos valores, reedifica-se e constrói, explica, dá, produz e cria de um modo diferente.

A representação dramática mítica tem muito a ver com tudo isso. É um instrumento para essas mudanças.

Assim como para o pensamento mágico o mundo era um todo animado que podia ser domesticado, ao passar para o pensamento mítico, o homem prossegue indicando o sagrado, mas agora o faz de uma maneira nova. Nessa cosmovisão, o método da razão mítica é proposto como um objetivo para transformar o desconhecido em conhecido.

É assim que, de agora em diante, o homem enfrentará o secreto, o ameaçador e seus mistérios: a partir da transformação da visão em razão mítica. Já não lhe basta domesticar; ele precisa compreender.

Por isso, a razão mítica é sempre uma tentativa de compreensão para que se possa transformar em conhecido tudo o que era desconhecido.

Na consciência mítica, a cosmovisão divide o mundo em duas categorias: o familiar e o estranho. Essa *consciência* parte da divisão, mas se propõe a superá-la.

Entra-se, então, no domínio do desconhecido, para transformá--lo em familiar e integrá-lo.

Como vemos, esse método de pensar, como o que o antecede, baseia-se também no princípio da participação e da exclusão, mas tenta diminuir as exclusões, lançando-se numa participação progressiva, mediante integrações acumulativas e apositivas. Em sua busca, desembocará na descoberta de uma ordem totalizadora.

A propensão totalizadora só poderá ocorrer pela síntese ou mediação simbólica. Símbolo, como se sabe, provém do termo *sin-bollen*, que denominava a figura ou efígie que, representando e significando o familiar, podia ser dividida em duas, e uma de suas partes era dada a alguém que fosse empreender uma viagem.

As viagens, nos tempos de hábitos nômades, costumavam ser longas.

Chegavam a ser tão longas que excediam à própria vida de alguns; outros voltavam com a fisionomia tão alterada pelo tempo que era difícil reconhecê-los.

Por meio desse ato ritual, quem possuísse a outra metade da figura seria reconhecido e novamente aceito na ordem do mundo familiar (apesar da transformação fisionômica) e acolhido na hospitalidade do clã.

O contrário do simbólico era precisamente o diabólico: o dividido, o desgarrado e, portanto, o estranho e perigoso que era excluído da ordem.

Eis a função mitopoiética da consciência mítica que aponta para a resolução do real através do imaginário.

Conseqüentemente, o símbolo é uma tentativa de se criar um método para incluir o desconhecido numa ordem familiar totalizadora.

A função mitopoiética da consciência mítica será conduzir ao campo do imaginário um processo constante que pretende incluir a totalidade do mundo exterior na ordem do mundo familiar.

Mas a realidade inacessível e cheia de mistérios tem suas próprias resistências. Eis a dramática epopéia do homem da razão mítica.

DESCRIÇÃO FENOMENOLÓGICA DOS ELEMENTOS DA RAZÃO MÍTICA

A razão mítica, como método indicador do sagrado, possui três elementos:
1. A consciência mítica
2. A relação rito-oferenda
3. O mito

A Consciência Mítica

A consciência mítica é o elemento subjetivo do método da razão mítica. Como já vimos, o homem, por meio da cosmovisão peculiar, indica o desconhecido e o secreto para tentar transformá-los no conhecido e senti-los como familiar.

Com esse objetivo, a consciência mítica produz determinados materiais simbólicos (lendas, mitos, alegorias e atos dramáticos) que buscam compreender e fixar em seu conteúdo as passagens ou transformações do desconhecido em conhecido. A consciência mítica procura dar um sentido a essa mudança para toda a comunidade. Ela é composta de duas estruturas:

1. Uma *estrutura intelectual* ou *teórica*, que se expressa em sinais e símbolos absolutos, cujas características são a pouca inteligibilidade (vale lembrar que se trata de um método da razão pré-lógica e, por isso, seus símbolos denotam e apontam para algo que não está suficientemente claro, mas que poderá ser revelado pela compreensão simbólico-mítica, na transformação do desconhecido em conhecido).

2. Uma *estrutura emocional*, por intermédio da qual são mobilizados e produzidos sentimentos de adesão ou afastamento (participação ou exclusão). Nessa estrutura vão surgindo os valores-mitos, como, por exemplo, o tabu e suas regras que ficarão, a partir daí, inseridos no concreto de toda a comunidade que compartilha a mesma cosmovisão.

Os valores-mito serão os critérios axiológicos inquestionáveis e compartilhados pela cultura que funcionarão como elementos de segurança para a sociedade possuidora do mito. Um exemplo bastante esclarecedor nesse sentido é o tótem tribal, por seus valores de proteção para a comunidade e também pelos valores intrínsecos que representam a identidade profunda da sociedade simbolizada por ele.

O Mito

O mito é o elemento objetivo do método em que se fundamenta a razão mítica.

No início, surgiu como uma forma de garantia do poder mágico. Geralmente é gerado em um êxito real ou imaginário da magia que lhe deu origem, sendo em si mesmo uma forma de relatar e estabelecer a validade do ato mágico e sua eficácia original.

Em princípio, o mito refere-se ao ato dramático original. O método mágico que obteve o milagre passa a fazer parte de um clã ou de uma tribo, mediante a revelação direta de um herói original e lendário que deu origem a essa comunidade.

Certa vez, numa época longínqua, um celebrante mago alcançou o milagre num ato original; e o mito é, precisamente, o relato desse acontecimento, que, a partir de então e para sempre, vai garantir a verdade dessa forma de rito; proporciona-lhe uma validade genealógica.

Assim sendo, ao oferecer o relato do milagre primordial da magia e de seu poder, o mito transforma-se num elemento objetivo. É um documento lendário de validade e filiação, de fé e de crença incontestes, necessário a toda a comunidade que, desse modo, constitui-se numa *sociedade real primitiva mítica*.

O mito transforma-se, então, num instrumento de controle social, já que funciona como a justificação retrospectiva dos elementos fundamentais da cultura desse grupo. O mito é o primeiro documento absoluto e *arghé* (proto-histórico) e, especialmente, dessa cultura original.

O que devemos destacar, por ser fundamental em nosso objeto de investigação, é a sua característica essencial: o pensar mítico é um pensar dramático, pois é sempre um pensar representado.

O gênero adequado para sua expressão é, portanto, a representação dramática ritual. Além disso, quando o produto objetivo do pensar mítico (a lenda) é expressado com o gênero narrativo, ele aparece sob a forma dramática de uma parábola, expressada numa seqüência de cenas.

Características do Mito

O mito, como elemento objetivo do método da razão mítica, remete sempre ao proto-histórico e se processa como o lendário, o patente. Isto é, como a verdade do revelado e o absoluto. É, em si mesmo, a fixação do conhecido, que por sua vez criou a consciência mítica.

O mito é essencial e necessariamente: a) objetivo; b) estático; c) absoluto; d) *arghé*.

a) *O mito é objetivo* porque é produto isolado da consciência mítica e tem sempre a validade a ele outorgada pela comunidade que o criou.

Aparece e se apresenta anonimamente e jamais reconhece a origem individual e subjetiva. O herói original a que todo mito se refere transcende o individual e aponta sempre para um arquétipo.

b) *O mito é estático* porque se fixa em cenas que se reiteram, mas não devem nem podem ser transformadas. O mito transcende sempre o futuro e é, em si mesmo, imutável.

c) *O mito é absoluto* porque não tem limites ônticos (ou seja, nem factuais nem reais). E, do mesmo modo, porque também não tem limites ontológicos (nem essenciais nem nosológicos). Por tudo isso, torna-se totalmente inquestionável.

d) *O mito é arghé* porque é sempre colocado além do tempo. Situa-se na origem absoluta. Como ato primitivo da gênese, é colocado *in illo tempore*, um tempo que remete sempre à atemporalidade do lendário, própria da proto-história original de cada cultura, segundo sua cosmovisão particular.

Por tudo isso, o mito, descrito fenomenologicamente, é o elemento objetivo do método da razão mítica. É objetivo por ser o produto, objetivado numa lenda representada, dos atos de criatividade da consciência mítica de um povo, na busca ou na tentativa de compreender a transformação do desconhecido em conhecido.

O mito é, portanto, a própria fixação do conhecido, que se oferece à comunidade que o produziu como um objeto cultural, sob a forma de um relato lendário de cenas proto-históricas.

Funções do mito

O mito ocorre como o patente, o revelado, a verdade inquestionável; por ter essas categorias, propõe-se a ser a documentação retrospectiva dos elementos fundamentais da cultura do grupo que o possui. Funciona como um instrumento poderoso para o controle social de todos os membros do grupo.

A propósito disso, o excelente mitólogo Joseph Campbell ("Mythological themes in creative literature and art", em *Mythes, Dream and Religion*, 1970, p. 138), para definir o mito, estuda nele quatro funções e as classifica da seguinte maneira: a) função metafísica ou mística; b) função cosmológica; c) função sociológica; d) função psicológica.

Segundo Campbell:

a) Mediante a função metafísica, "o homem tenta a reconciliação de sua consciência com a condição prévia de sua própria existência (...) a natureza monstruosa deste jogo terrível que é a vida".

b) Mediante a função cosmológica, "o homem tenta encontrar uma resposta para sua necessidade de dar a si mesmo uma imagem do universo, para que possa compreender o lugar onde vive", isto é, ter uma cosmovisão.

c) Mediante a função sociológica, o homem indica "uma forma de manter uma ordem social específica".

d) Por último, no âmbito psicológico, "O mito (...) funciona como guia e apoio para sustentar os indivíduos do nascimento até a morte, através das difíceis transições que a vida humana exige". A quarta função do mito "é iniciar o indivíduo nas ordens de sua própria *psique*, orientando-o para o próprio enriquecimento e realização espiritual".

Para Campbell, a função psicológica do mito é a mais importante. Em seu estudo, faz referência ao longo período de imaturidade e dependência do ser humano, em comparação com os outros seres vivos. Campbell enfatiza essa comparação, já que só no homem o processo ocorre de forma tão prolongada. Acrescente-se a isso que, nas culturas industriais da atualidade, esse processo ainda se torna mais complexo devido às muitas exigências do meio urbano mecanizado.

Campbell insiste, especificamente, nas dificuldades humanas para transpor o limiar da responsabilidade adulta e emergir num segundo nascimento, que é o verdadeiro nascimento social.

É para esse limiar que os terapeutas devem permanentemente apontar ao trabalhar com seus pacientes. É para lá e para os atos do nascimento que devem tender todas as suas estratégias. No psicodrama, o limiar representa a passagem do protagonista e do grupo por intermédio de catarses de integração, dos papéis psicodramáticos para a espontaneidade e a criatividade dos papéis sociais: Moreno viu isso claramente. Para os terapeutas, os papéis psicodramáticos são desempenhados na ordem mágica mítica e os papéis sociais são, em primeiro lugar, apresentados na ordem ideológica, e só ocasionalmente conseguem atingir a ordem lógica.

O RITO NA COSMOVISÃO MÍTICA

Como seu antecessor, o rito mítico também é reiterativo. Baseia-se na experiência anterior da comunidade real primitiva — a etapa mágica. Mas o rito, já na etapa mítica, não é um ato de domesticação e sim a reiteração litúrgica de um acontecimento baseado na ordem, cuja origem situa-se *in illo tempore* e de cuja gênese protohistórica e atemporal exerce todo o seu poder legitimador.

O poder e a ordem conseqüente estão contidos no dogma do lendário, nas cenas e alegorias que a comunidade proporcionou a si mesma e agora as possui, como algo que lhe foi outorgado no ato original de sua revelação.

No momento do rito mítico volta-se simbolicamente à atemporalidade momentânea do *arghé*.

No rito da razão mítica, o animal emissário sacrificado ou o objeto oferecido para propiciar ou aplacar já possuem claramente a categoria de objetos simbólicos.

Do mesmo modo, o celebrante já não é mais um encarnado; apenas representa o primeiro celebrante mago ou herói original. Comporta-se *como se cada celebração fosse a primeira*, mas todos os participantes sabem que o ato original a que se refere está situado na lenda; no momento, é apenas imitado.

Os atos do celebrante do rito mítico são miméticos.

Devem reapresentar a celebração original segundo regras e modos próprios.

Dessa maneira nasce a representação dramática; a partir do surgimento da imitação no contexto de *como se fosse a primeira vez*.

No rito mítico já não se agoniza.[1] Mas é *como se* ainda se agonizasse.

O celebrante do rito é apenas um protagonista simbólico: ele representa, imita ritualmente, a agonia original.

O sacrifício do rito mítico passa a ser um sacrifício simbólico.

Como no rito anterior, a relação simbólica rito-oferenda continua buscando a segurança e a superação do *pathos* original, mediante a reiteração de sua representação.

Remete a uma ordem, àquela que deriva do original revelado que agora simboliza. Desse modo, ela se reitera, afirmando a possibilidade de uma permanência absoluta.

Neste novo marco, a relação rito-oferenda é inserida como um elemento intersubjetivo-objetivo do método da razão mítica. Essa

---

1. *Agonizar*, em suas duas acepções, significa lutar e morrer.

relação aponta para a nova ordem pré-lógica do sagrado, que, mediante o que é revelado e possuído por todo o grupo na *sociedade real primitiva*, é compartilhado numa mesma cosmovisão, a cosmovisão mítica.

A relação rito-oferenda tem sentido, precisamente, pela possibilidade de reiteração. Ela passa a resolver de outro modo o sacrifício mágico do encarnado, mas continua procurando a reafirmação na ordem e na superação do *pathos*, para os integrantes da comunidade, no processo compartilhado que busca a transformação do desconhecido em conhecido.

Continuando a busca de reafirmação e compreensão, o mito vai criando valores intelectuais. *A verdade revelada, a clareza esclarecida* e *o conhecimento iniciático* surgirão e, finalmente, serão possuídos pelo grupo como *critérios axiológicos vigentes*.[2] Esses valores compartilhados se ligarão e se fundirão cada vez mais à cultura comum e peculiar do grupo.

A relação rito-oferenda do método mítico também vai criando valores afetivos míticos, como a cooperação, a segurança, o poder e a ordem. Estes *valores heterônomos*[3] vão operar na interação e na produção grupal dessa comunidade em evolução.

Desse modo, vão se organizando e desenvolvendo as *sociedades reais primitivas*. No âmbito e nos altares dos valores inquestionáveis, adquiridos dessa maneira, seus membros estabelecerão suas condutas.

OS RITOS ÓRFICOS

As representações dramáticas dos ritos órficos são um bom exemplo do rito mítico.

Os mitos órficos são parentes próximos do mito dionisíaco. Como este, parecem ter suas origens na Trácia.

Na cosmovisão teológica da antiga Grécia rendia-se culto a Zagreus, o deus-menino (na concepção de Carl Jung, nos mitemas antigos o menino representa o nascimento da consciência a partir do inconsciente original; ou seja, a passagem das eras tenebrosas a-históricas para as eras históricas).

Zagreus é devorado pelos Titãs; salva-se seu coração, do qual

---

2. Carlos Cossio, *La Teoria Egológica del Derecho y el Concepto Jurídico de Libertad*, Buenos Aires, Abeledo-Perrot, 1964.
3. Carlos Cossio, *op. cit.*

logo nascerá o novo Dioniso, que será o futuro sucessor de Zeus no império do universo.

Segundo essa cosmovisão, é das cinzas dos Titãs fulminados pela vingança de Zeus que surgirá o gênero humano. Por um lado, a natureza humana é concebida neste mito como divina e incorruptível e, por outro, como mortal e perecível.

O homem é condenado, em seqüências de vida e morte, a percorrer um verdadeiro labirinto de aflições.

O homem superior só poderá encontrar um atalho para a felicidade se possuir as verdades, apenas reveladas aos iniciados. Verdades obscuras, certamente, pois só serão alcançadas por uma elite.

No mito, Orfeu trouxe informações precisas sobre a maneira de se alcançar a bem-aventurança, a partir das vicissitudes de sua descida aos infernos em busca de Eurídice. O herói sabe como evitar os obstáculos e as armadilhas que o aguardam além da morte.

Por essa razão, o semideus, da mesma maneira como fora condutor dos argonautas, poderia ser proposto como o iniciador e possuidor dos mistérios de Elêusis.

Somente Orfeu e Dioniso podiam indicar o caminho para a compreensão do além que permitisse combater a angústia da finitude dos mortais.

Uma das lendas do mito órfico atribui a Zeus uma grande fúria em relação a Orfeu. Sua ira era motivada justamente pelo ciúme; a rivalidade entre o deus trovejante e o herói tinha origem nas revelações que Orfeu fizera aos mortais que compunham a sua corte de iniciados.

Os mitemas do sistema órfico, um dos mais obscuros e carregados de simbolismos do mundo grego antigo, podem ser reencontrados em sua essência em muitas culturas e também no cristianismo primitivo.

Na antiga Grécia, esses mistérios eram apresentados como fenômenos dramáticos para grupos de iniciados que presenciavam o rito. Os participantes tinham acesso a esses mistérios porque estavam predispostos e intencionalmente pré-situados no segredo compartilhado e estavam preparados e ansiosos para receber a revelação mítica. A representação dramática ritual permitia-lhes captar, incorporar e compartilhar o mistério.

É interessante comparar a predisposição dos iniciados à preparação obtida pelo processo de aquecimento em uma sessão psicodramática.

A TENDÊNCIA DOS MITOS PARA CONFLUIR EM ESTRUTURAS TOTALIZADORAS

Em sua busca contínua, a razão mítica tenderá, inevitavelmente, a totalizar sua compreensão do desconhecido para tentar, aos poucos, integrá-lo ao conhecido.

Nesse processo de síntese simbólica cumulativa irão se configurando estruturas e subestruturas cada vez mais complexas. A ligação dessas estruturas com suas subestruturas, no âmbito da razão mítica, proporcionará alicerces cada vez mais sólidos à *sociedade real primitiva mítica* e a sua cultura original e particular.

Entretanto, a propensão para compreender o desconhecido, própria da razão mítica, cedo ou tarde terminará integrando mitopoieticamente o mundo num todo estruturado. Esse processo, por sua vez, desembocará num último salto qualitativo da *sociedade real primitiva mítica* para a *sociedade real religiosa*, com uma teogonia peculiar, uma teologia aperfeiçoada e uma cosmovisão totalizadora.

Religare significa, precisamente, *unir* os diferentes mitos num todo estruturado.

A tendência dos mitos de confluir em teologias totalizadoras é evidente nos exemplos eleusíneos-órficos já referidos, assim como nos dionisíacos, que serão analisados mais adiante.

Com a cosmovisão religiosa, a sociedade real terá atingido a sua maturidade. A partir daí começa a preparar-se para o novo limiar de transformação. Desse novo limiar realiza-se a passagem para o pensamento lógico, também no que se refere ao sagrado. Nessa etapa, a sociedade deixa de ser uma sociedade real para se transformar numa sociedade ideológica.

A estruturação religiosa é, em si, o produto da culminação da criatividade mitemática de uma *sociedade real primitiva*. É isso que a prepara, cedo ou tarde, para a crise.

A CRISE DO PENSAMENTO MÍTICO-RELIGIOSO

Toda cosmovisão religiosa baseia-se na fé, ao mesmo tempo que a consciência religiosa, por si só, admite a dúvida.

Esta, mais cedo ou mais tarde, provocará a crise do absoluto, do estático, do *arghé* e do inquestionável, dos mitos originais de cada cultura.

A ligação das estruturas com subestruturas na razão mítica deu origem e fundamento, nos tempos antigos, à sociedade real; a partir dos primeiros questionamentos, as estruturas e subestruturas entrarão em contradição e começarão a se desagregar. Desse modo, logo ocorrerá a crise da *sociedade real religiosa*. "Todo mundo acaba quando morre a sua metáfora", diz o poeta Archibald Mac Leish.[4]

Nesta última crise, o homem passará do método baseado em princípios de participação e exclusão, ao que se baseia nos princípios de identidade e contradição, antes aplicado somente ao terreno do profano.

Justamente quando a razão mítica terminou de confluir no pensar religioso totalizador, ocorre o início do pensar lógico, agora também na vertente do sagrado. Aí começa o caminho de sua dessacralização.

Concomitantemente, por meio desse processo, inicia-se o fim da sociedade real, que morre e se transforma em sociedade ideológica.

COMO OS MITOS TENDEM A PERDURAR

No princípio, os mitos referem-se ao poder mágico. Quando a *sociedade real primitiva* entra em crise e se converte em *sociedade ideológica*, os mitos e suas funções sobrevivem, mas ligados a outras formas de poder e de protensão social. Os mitos tendem a perdurar.

Quando não há mais fé que prometa milagres, as novas crenças míticas no ideológico criarão também suas próprias formas mitológicas. Por essa razão, todas as ideologias estão carregadas de vestígios míticos.

É justamente para preencher o vazio deixado pelo enfraquecimento da lenda aglutinadora que se implementam as ideologias e seus instrumentos. Em virtude dessas ideologias, aparecerão as novas formas de organização humana.

---

4. "Hypocrite Anteur", *Collected Poems, 1917-1952*, Houghton Mifflin, Boston, 1952, p. 173.

Na ordem ideológica, o mito continuará sendo, como nos tempos antigos, o "principal" instrumento de controle social. Mas a relação rito-oferenda e sua sacralidade já não indicarão a lenda. Agora irão indicar de preferência o histórico, sempre que se tratar de uma história ideologicamente ordenada e sacralizada.

O sagrado que é originário da sociedade real, a partir da crise que o fez perder o absoluto, o *arghé* e o inquestionável, será substituído, na nova sociedade, pelos dogmas e pela sacralidade litúrgica, próprios da sociedade ideológica e histórica.

A perda da lenda original será substituída por mistificações de episódios históricos que passarão a funcionar como tesouros ou reservas culturais.

Desse momento em diante, toda mudança histórica criará uma nova mitologia e, com isso, segundo a conveniência, uma nova reordenação axiológica e uma nova sacralidade.

Por isso, a ideologia ainda está muito longe do *logos*, no verdadeiro sentido etimológico grego.

Esse processo é fundamental para a compreensão do salto, e é a base da psicoterapia.

AS DIFICULDADES DE CHEGAR AO LOGOS

No psicodrama, quando o protagonista e o grupo chegam a uma catarse de integração, produzem os três momentos da compreensão: o intelectual ou simbólico, o emocional ou catártico e o axiológico ou ético. É esse o processo de um ato dramático para a conquista do *logos*. Isso implica colocar em crise os mitos negativos, as *conservas culturais* e seus papéis, que permaneciam fixados às cenas nucleares conflitivas do passado e vinculadas a valores-tabus, ideologicamente inquestionados.

Depois da crise, o indivíduo e o grupo têm a possibilidade de se lançarem à representação livre de novos papéis na matriz social.

Nesse limiar para o *logos*, que Moreno chama de ato da "catarse de integração", o biográfico não resolvido, que antes funcionava como história sacralizada, perde a ideologia e se transforma, desse momento em diante, numa verdadeira história pessoal que somente agora pode ser assumida.

É evidente que estamos diante de um salto axiológico, como será explicitado em outra parte deste trabalho.

Passa-se bruscamente de uma ordem mítica — originada numa matriz familiar que atuou como sociedade ideológica limitadora — para novas ordenações que passarão a operar como matrizes lógicas para o social. Depois do salto, a própria família passará a ser a primeira das matrizes lógicas, com nova estrutura e nova ordem, para o indivíduo nela situado.

A TRAGÉDIA GREGA

A tragédia grega é uma forma evoluída e tardia das representações dramáticas míticas.

É o produto de um fenômeno que ocorria na Grécia, onde a cosmovisão do povo estava, há muito tempo, estruturada numa religião totalizadora que continha os mitos que lhe deram origem.

Ao se percorrer a produção trágica grega, ainda é possível, no entanto, rastrear um sentimento especialíssimo de terror e piedade.

Evidentemente, esses climas que a impregnam são os resíduos da antiga visão do destino do homem grego arcaico, que se sentiu abandonado à feroz indiferença de suas divindades primitivas.

Essas figuras são, evidentemente, personificações míticas do vestígio mágico ainda mais antigo: o terror do homem pelos cataclismos naturais. Tudo isso ainda está ali, como um marco do passado, com seus resíduos arcaicos entrelaçados às formas evoluídas e depuradas da tragédia grega.

O NASCIMENTO DA TRAGÉDIA

Os gregos do norte montanhoso, dominadores do fogo, mas também conhecedores das pedras que podiam ser fundidas em metal, invadiram e subjugaram os povos agrícolas das planícies, que ainda permaneciam na Idade da Pedra.

Dentre muitos outros, a tragédia grega é um dos exemplos claríssimos de como a representação dramática pode ser ideologicamente instrumentada.

Aos deuses antropomorfos dos povos agrícolas, os heróis do norte foram agregando e impondo os deuses de sua cosmovisão.

Mediante essa imposição, os guerreiros se apresentaram, através de seus deuses, como heróis divinos e poderosos.

É significativo o modelo antropomórfico heróico desses novos deuses por eles propostos. Sua organização é uma espécie de sociedade sobre-humana, colocada na montanha mítica, o Olimpo, assim como os guerreiros conquistadores vinham da montanha.

Se observarmos a organização monárquica desses deuses que, sob o domínio de Zeus, cujo poder é simbolizado pelo raio e o trovão, dominam a terra, podemos nos lançar a inferências significativas.

É interessante assinalar como Zeus é proposto como o deus que vence o pai Cronos, o deus anterior, demoníaco e devorador dos filhos. Zeus triunfa sobre Cronos, um deus agrícola e arcaico que representa, com seu ato antropofágico contra os filhos paridos por Cibele, o temor humano ao desmembramento e o terror de recair no caos original. Tudo isso remete claramente às experiências préhistóricas do homem original em relação às forças cataclísmicas da natureza e suas vivências de aniquilamento.

Por outro lado, e em outro plano de leitura, remete às experiências originais da criança em suas primeiras etapas, na constituição das primeiras imagens do eu e na angústia da fragmentação, vividas como o medo de uma dissolução no inconsciente original.[5]

Com Zeus e os novos deuses impostos instaura-se na Grécia uma nova ordem, sob o poder dos invasores, filhos heróicos desses deuses que, por serem deuses, propõem as novas regras do jogo.

Mas acima de todas as regras paira uma norma superior, a força do destino, ou *Moira*, a quem o próprio Zeus está submetido.

Moira representa o castigo inevitável a quem se rebelar contra as normas da ordem instituída e aponta claramente para uma ordem universal a que estão submetidos esses mesmos deuses e invasores heróicos.

Aqueles que se rebelarem contra a ordem serão castigados no altar da força do destino. Nesse sentido, Prometeu é um arquétipo, apresentado como modelo da rebeldia dos homens.

O semideus Prometeu, origem de toda criação, que amou demasiadamente a humanidade e ensinou-lhe o segredo do fogo, roubando de Zeus o poder (dono do raio) para entregá-lo aos homens,

---

5. Jacques Lacan.

é castigado a permanecer eternamente acorrentado, para que seu fígado, entranha de paixões e humores, seja devorado ininterruptamente pelos abutres.

A intenção catártica da representação dramática tinha objetivos claramente moderadores. Esse era um dos objetivos da tragédia grega.

Eis aqui um exemplo claro da utilização, no sentido ideológico, da representação dramática extraída do mítico-religioso.

Os gregos (e os romanos depois) acentuaram nitidamente esse pólo passivo do fenômeno catártico da representação para sua implementação ideológica através do drama.

É da necessidade de se manter o fenômeno da catarse em sua vertente passiva ou estética, controladora de condutas que não devem ser alteradas, que decorre a proeminência do teatro grego e do espetáculo romano (de *spectare*, contemplar) que, ideologicamente, desloca a função ativa da catarse ética original, da representação dramática mítica, próprias das sociedades reais primitivas e das primeiras etapas das comunidades, com uma cosmovisão religiosa não questionada.

Nelas, o que se buscava fundamentalmente era a catarse ética.

Fica claro que a antiga religião grega, que paira como primeira crença entre as civilizações da planície com organização agrícola, continua subjacente à religião grega posterior que a assimila em sua estrutura.

Mergulhando nos períodos proto-históricos gregos e rastreando esses cultos primitivos, pode-se ver o esboço da antropomorfização das forças da natureza. Das pedras caídas do céu e também das árvores ou dos animais considerados sagrados foram surgindo seres que povoaram os bosques imaginários e enriqueceram as lendas.

A concepção dos deuses antropomorfos pode ser entendida como uma tentativa de impor figuras-modelos em determinados domínios.

Uma evolução semelhante pode ser rastreada no desenvolvimento mítico-religioso da cultura etrusca, até o domínio da *polis* romana.

O passo para a personificação dos deuses nunca parece ocorrer como um capricho criativo e sim como um verdadeiro salto intencional instrumentado cujo fim determinado é a organização social.

Ocorre, em geral, do naturalismo ao antropomorfismo religioso, e por trás de todo antropomorfismo pode-se inferir o fenômeno da emergência de uma casta que quer se propor como modelo de autoridade para outras castas.

Mediante essas transformações, as forças da natureza que o homem mortal temia, venerava e devia aplacar convertem-se em outras tantas personalidades arquetípicas e grandiosas. Estas, mais ou menos poderosas, benéficas e cruéis, mas sempre arbitrárias (tal como o foram as forças da natureza e do destino que simbolicamente passam a representar), também devem ser veneradas, temidas e aplacadas em celebrações complexas, na relação rito-oferenda, e a elas se devem tributos. Tudo isso está contido nas representações dramáticas e nas transformações dos tesouros trágicos que a Antiguidade nos legou.

Essas representações contêm toda a riqueza dos antagonismos e da interação de poderes que ocorre quando uma nova ordem é proposta.

Os novos deuses antropomorfos impõem ao mundo grego seus herdeiros, descendentes dos heróis originais; e os propõem como filhos fisionômicos diretos, para investi-los do mesmo poder de autoridade. Os herdeiros, por sua vez arbitrários e cruéis, devem ser venerados e temidos na nova ordem imposta.

Mas nos altares da ordem e, além deles, na organização do Olimpo, deve haver necessariamente uma força superior e misteriosa, uma lei, Moira ou o destino, a que até os deuses e seus herdeiros estão submetidos. Desse modo, os homens, o povo e os deuses são todos joguetes dessa força superior.

Em qualquer situação, até a mais terrível, em que por algum percalço das circunstâncias o capricho dos deuses ou a cobiça de seus herdeiros possa precipitar uma comunidade, sempre haverá, para o homem, a esperança de uma reparação. Desse modo, ele poderá confiar em uma justiça superior, esperar pela felicidade e suportar todos os males.

Quando, em seu pavor, o homem formular as perguntas fundamentais, encontrará as respostas nos mistérios. Elas estão ali, nas representações fundamentais das lendas, em um código às vezes obscuro, outras ambíguo, mas sempre passível de ser decifrado.

As respostas obscuras ou revelações só serão oferecidas a uma elite de iniciados, que serão os únicos detentores da verdade do mistério e da salvação, e, portanto, do poder.

Todos os segredos relativos às supremas aspirações humanas, como os problemas da sobrevivência e do *mais além*, oferecidos como resgate do presente, das dúvidas e do pavor, só serão revelados àqueles que se iniciam nos mistérios e, desse modo, estão instrumentados ideologicamente para manter o controle social.

Aqui se pode ver com clareza como um rito que nasceu para ser resolutivo e gerador de mudanças transforma-se em um instrumento imobilizador e de permanência que o torna ineficaz.

A tragédia grega evoluiu rapidamente, desde o rito religioso do qual partiu, até sua transformação em um instrumento de manipulação ideológica.

O CULTO DIONISÍACO

Já foram considerados os cultos dionisíacos primitivos carregados de vestígios mágicos.

Para compreendermos a razão de suas mutações, devemos nos deter um pouco no desenvolvimento desse culto na Grécia.

A princípio, na Grécia organizada, Dioniso foi considerado um deus estrangeiro.

Foi temido e sofreu a resistência dos conservadores que, devido ao pessimismo natural, receberam-no com muitas prevenções.

O deus da uva, do vinho, da embriaguez e do delírio místico apresentava-se como o arquétipo de um rebelde.

Os gregos conservadores, zelosos de suas normas, viam nos ritos dionisíacos um simples pretexto para todo tipo de libertinagem; eram tidos como válvula de escape para o desafogo das paixões mais vis e temia-se que dessem motivo a todo tipo de atrocidades.

Apesar da resistência, o culto de Dioniso foi-se impondo e finalmente triunfou.

O triunfo do deus heróico e rebelde tem, certamente, um significado e está vinculado a poderosas motivações sociais.

Para as classes populares gregas, esse deus devia ser o arquétipo das rebeldias que eles mesmos tinham de silenciar e reprimir.

A população agrícola via no deus um paladino heróico de suas reivindicações.

Este culto agrícola, introduzido pela Trácia, reeditava os velhos cultos do antigo povo grego, ao qual, por intermédio dos guerreiros dominadores do norte montanhoso, havia sido imposta a ordem olímpica.

Por esse motivo, Dioniso ganha a adesão, a esperança e o otimismo das classes mais importantes.

São elas que o imporão e reivindicarão, juntamente com seus velhos ritos.

Apesar das proibições e do ciúme da classe dominante, Dioniso acaba se impondo e é triunfalmente introduzido na teologia grega.

Esse é um dos modos de integração do deus rebelde à nova ordem.
Nesse processo, aos poucos foram se transformando as dramatizações do seu rito.

O cortejo místico de Dioniso vai crescendo na Grécia antiga e, desse modo, ficando mais complexo.

Os sátiros e as mênades aparecerão como os principais seguidores do cortejo.

Os sátiros foram imaginados como seres metade homens, metade animais selvagens. Simbolizariam, assim, a fusão mística do homem com a natureza. Esse conceito é precioso para a cosmovisão agrícola. Quando a religião de Dioniso, o deus da uva, invadiu a Grécia (século VIII ou VII a.C.), as danças rituais antigas em que os homens se disfarçavam de animais para assimilar o poder das divindades continuavam a ser executadas, mesmo que não respondessem ao objeto primitivo. Algumas dessas danças se incorporaram ao culto, e esse deus passou a ser o rei daqueles que, fantasiados de cabritos, representavam o espírito da vida silvestre. As mênades, por sua vez, simbolizam a frenética voluptuosidade do amor e indicam, explicitamente, segundo a mesma cosmovisão, o favorecimento da fertilidade da terra.

A complexidade desses ritos servia, portanto, a uma dupla finalidade. Por um lado, as dramatizações rituais podiam ser capitalizadas como instrumento valioso do controle ideológico da população agrícola; eram grandes oportunidades para canalizar as paixões dos homens que cultivavam a terra e as dos escravos, conseguindo, desse modo, a acomodação deles na vida social.

Dioniso, com mais potência que qualquer outro deus, podia estimular os entusiasmos próprios das raças telúricas e vitais e abrir as almas a novos ensinamentos.

Dioniso podia mediar na expansão das necessidades, beneficiando o controle das gratificações e das frustrações, na orientação voltada para a conclusão da nova organização nacional que requeria uma contenção de impulsos e tendências rebeldes. Dioniso será, daí em diante, o deus que permitirá e promoverá para que a ordem seja acatada. Por essa razão, o deus estrangeiro é finalmente integrado com todas as honras à teologia olímpica, em sua segunda linha geracional.

Uma vez integrado à cosmovisão grega, os mistérios de Dioniso proporcionariam também algumas respostas a muitas inquietações importantes dos eleitos, e resolveriam os temores de um pessimismo fundamental, típico de uma civilização em decadência.

As respostas seriam possíveis pela comparação da vida humana com os fenômenos da natureza, que se renova a cada estação. Essa analogia, própria dos povos agricultores e camponeses, seria também muito reconfortante para os habitantes da *polis*, a casta dominante, para quem o profano se apresentava como um modelo reafirmador do mistério do sagrado. Essa seria outra frente oferecida aos eleitos, digna de sua inteligência devido à complicação de seus simbolismos.

Assim como a cada ano ocorre o esplendor e a decadência do Sol, e a agonia e a convalescença da vegetação, do mesmo modo o homem poderia renascer em outra estação situada no além.

Como a videira (planta escolhida por Dioniso) torna a brotar depois da morte aparente a cada estação, a alma humana também poderá renascer, renovada por uma nova seiva, para outra vida.

Enquanto essas analogias iam se fixando na Grécia, a criação de imagens que rodeavam Dioniso ia enriquecendo e agregando personificações mitológicas e secundárias antagônicas que começariam a interagir, constantemente, povoando o campo imaginário do homem grego em um grande afresco dramático-mítico.

O povo devia se identificar com essas lutas de deuses, que confrontavam seus poderes numa seqüência redundante de batalhas, vitórias maravilhosas e catástrofes grandiosas, desenvolvidas no decorrer de todo o ano litúrgico.

Esses seres sobrenaturais que, depois de feridos mortalmente, ressuscitavam diante dos olhos dos espectadores nos mistérios míticos, deviam ser altamente reconfortantes, especialmente porque assim o era a equiparação, no plano sagrado, da experiência do renascer da vegetação, na prática profana da agricultura.

Dioniso, em seu mito, também morria e renascia, segundo a mudança constante das estações.

Além de um deus da alegria, Dioniso era também um deus da dor. Isso permitia ao homem grego compreender e canalizar todo o *pathos* humano, assim como expressá-lo e representá-lo.

Segundo a lenda, esse deus havia surgido de um seio ferido por um raio; foi parido pelo mesmo relâmpago que devorou sua mãe. Superando a cena primária, passou pela prova da loucura a que o submeteu uma deusa inimiga, e venceu.

Combateu e saiu vitorioso contra os reis que negavam a sua divindade, e ainda lutou com gigantes e monstros. Finalmente, recompôs-se e se reintegrou, após ter sido despedaçado pelos Titãs.

Todos esses confrontos, sua audácia e a superação de todas as provas e seus perigos apresentavam Dioniso aos olhos dos fiéis como um arquétipo de herói, ao mesmo tempo infeliz e vitorioso.

No plano individual, Dioniso se apresenta como o modelo-protagonista de todos os mitemas que apontam para o processo de individuação de cada ser. Desde o mitema que apresenta a criança, símbolo da consciência recém-surgida que vence as trevas do inconsciente original, ou o ser que resolve a angústia da fragmentação e do desmembramento, ou o púbere que vence os perigos da castração, ou, finalmente, aquele que supera todas as provas iniciáticas da adolescência e consegue sua auto-afirmação adulta.

No plano social, Dioniso também aparece como o protagonista das paixões de reivindicação, rebeldia e mudança.

Por isso, seu culto triunfa. É compreensível que, mais que qualquer outro deus, ele comovesse os espíritos e elevasse a têmpera dos homens às máximas alegrias, e também os acompanhasse na mais profunda tristeza.

Havia borbotões de risos e cachoeiras de lágrimas no vinho que o deus oferecia aos homens durante o rito. Com o vinho era oferecida aos fiéis a possibilidade de excitar qualquer estado de ânimo, que em seguida, na dramatização ritual, encontrava um *locus* para a catarse.

DE CERTO MODO A TRAGÉDIA É UMA QUEDA

O salto para a tragédia é uma perda importante das possibilidades existentes nas representações dramáticas originais. Na civilização grega, aos poucos as festas campestres em honra a Dioniso foram adquirindo importância crescente.

Gradativamente, foram se definindo como celebrações religiosas ordenadas e dedicadas à divindade mais importante da segunda geração dos deuses gregos. Dioniso já estava integrado à teologia e a sua ordem, e finalmente se desenvolveram as pequenas e as grandes dionisíacas, as festas gregas ligadas ao campo. No princípio, eram celebradas de modo espontâneo e criativo, quando a vindima se aproximava, época em que se espremia a uva; em seguida, quando se experimentava o vinho; e, finalmente, quando se chorava a morte de Dioniso. Sua morte foi fixada e ordenada como a morte ritual que coincidia com a morte anual da videira. Desse modo, aos poucos foi se institucionalizando.

Nas dionisíacas entoava-se, agora liturgicamente, o ditirambo, antes uma canção improvisada em honra ao deus e convertida em hino coral com música. Já estava perdida a representação mítica com suas possibilidades catárticas ativas. Esse hino acompanhava o sacrifício de um cabrito, e recebeu o nome de "tragédia", literalmente o "canto dos cabritos". Vê-se com clareza como já se destaca aqui a vertente passiva do fenômeno catártico.

O cabrito era um animal especialmente identificado com o culto de Dioniso por ser um animal lascivo, segundo algumas hipóteses, e por ser um verdadeiro inimigo e destruidor da videira, segundo outras. Em ambos os casos, devia ser sacrificado ritualmente, fosse como oferenda propiciatória ou como castigo.

O ditirambo cantado pelos fiéis era uma verdadeira lamentação litúrgica, mas também continha a mensagem lendária dos feitos heróicos do deus. Era uma espécie de versificação das antigas representações dramáticas originais espontâneas de épocas anteriores, em que se celebravam ritualmente os atos originais do deus e de seu séquito.

O coro litúrgico dos cantores passou a dirigir-se para o altar e circundá-lo, e ali, ordenadamente, era oferecido o sacrifício.

Em determinado momento, o coro foi se dividindo em semicoros, e desse modo proporcionou maior agilidade ao ato litúrgico; pôde, então, surgir o início de um diálogo entre os coros à maneira do contraponto das litanias.

Nesse diálogo, cada semicoro começou a ser conduzido por um corifeu e este, finalmente, começou a se destacar do coro, dialogando com outro corifeu.

Desse modo, com os cantos dos corifeus e de seus semicoros foram resgatadas as antigas celebrações de atos heróicos do deus. Na liturgia minuciosa já não se temiam os velhos excessos.

Introduziu-se o papel de um interlocutor chamado *hipocrités*, cuja função era responder ao coro com palavras do próprio Dioniso, cujo papel representava.

Nesse papel, o celebrante atuava *como se* fosse Dioniso.

Eis o surgimento do protagonista na tragédia grega.

A palavra *hipocrités* tem, em grego, duas acepções: como "simulador", porque era essa a lei daquele ato ritual; e também, em sua acepção literal, como "aquele que está sob a roupagem", para representar o deus.

Como se vê, principalmente nesse processo de transformação, o rito sagrado perde em definitivo uma grande possibilidade, trai-se em sua essência e aos poucos vai se transformando em espetáculo. Tanto isso é verdade que, rapidamente, a partir de Sófocles, a tragédia grega deixa de ser sagrada, como fora até Ésquilo.

Nessa transformação, o que se perde é a possibilidade ativa e, portanto, ética da catarse.

Nas representações dramáticas rituais míticas que vimos anteriormente, todos os fiéis eram participantes ativos; eles estavam imersos no processo do rito e tinham a possibilidade de ser protagonistas, quando isso ainda ocorria no seio de uma *sociedade real primitiva* mítico-religiosa. Agora, na *sociedade ideológica*, o protagonista passa a ser nada mais que um ator e se distancia do grupo, sobe no palco e se exibe. Aos outros resta a possibilidade única de permanecer como espectadores e só participar mediante determinadas identificações com o que está ocorrendo no palco.

É assombroso descobrir como, em diferentes épocas e em diferentes culturas, esse processo se reedita.

Os incas também foram uma estirpe dominadora que provinha das montanhas e ofereceu-se como modelo de adoração e dominação aos povos agrícolas.

Filhos do Sol e eles próprios deuses, os incas transformaram seus templos em verdadeiros símbolos da montanha da qual diziam descender miticamente.

A tragédia de Ollantay é um exemplo de proposta para a catarse passiva do povo dominado.

Nessa cosmovisão, o Ollantay representa a dramatização do castigo para o plebeu que infringe o tabu. Ele ousou cometer o pecado original de unir-se à casta divina, da qual a princesa fazia parte. Na ordem incaica, a princesa só podia ser destinada aos deuses e aos incas.

É tanta a força dessa tragédia que os efeitos de sua catarse passiva parecem atingir todas as castas e preparar a expiação mítica do pecado original.

Isso poderia explicar uma das variáveis que promoveu a queda da ordem imperial e a capitulação de todo um povo a um punhado de conquistadores brancos que vinham de além-mar, com seus canhões e mosquetes, atributos que os fariam aparecer como novos deuses para impor uma ordem diferente.

Na ordem recentemente adquirida, a mulher autóctone se lança claramente ao processo de miscigenação. Ela quer conceber em suas entranhas um filho heróico, produto da miscigenação com o novo deus.

A tragédia de Ollantay, que pesava como uma condenação sobre o mundo incaico, pode ser uma das chaves para a compreensão dos valores que deviam estar em jogo no processo fenomenal da miscigenação indígena, para o surgimento do crioulo e do seu mito, na América.

Desse ponto de vista, outro exemplo que merece ser aprofundado é o fenômeno das representações sagradas dos primórdios do cristianismo, transmitidas por tradição oral até sua conversão posterior em autos sacramentais e sua transformação final no que atualmente se conhece como o nosso teatro ocidental. Aprofundarmo-nos neste último nos afastaria muito de nossos propósitos.

A REPRESENTAÇÃO DRAMÁTICA E SUAS APLICAÇÕES

Uma vez descrita a origem da representação dramática nos antigos ritos das sociedades reais primitivas e analisada sua evolução desde os marcos referenciais da razão mágica e da razão mítico-religiosa, até desembocar na razão lógica e no ideológico, vamos agora nos deter mais estritamente no objeto desta obra.

A representação dramática já foi profundamente estudada e continuará sendo, a partir do próprio campo da arte e das ciências teatrais. Não obstante, é preciso esclarecer que neste século ela foi introduzida definitivamente como procedimento no campo das ciências sociais, das ciências da educação e da psicoterapia, por intermédio do psicodrama.

Por isso, ainda resta muito a investigar a seu respeito.

EM BUSCA DE UMA DEFINIÇÃO

Tentemos agora uma abordagem que visa definir a representação dramática.

No sentido geral, pode-se dizer que representar é um meio de invocar alguma fonte de sensações e de afetos.

Essa primeira abordagem exige que uma representação possua um determinado poder de evocar o emotivo, para que seja considerada como tal.

O termo "drama" significa episódio, acontecimento, ação. O que indica que uma representação dramática nunca pretende mostrar uma imagem como outras representações, mas essencialmente como uma cena.

Uma vez determinado esse conceito, pode-se dizer então que a representação dramática é a apresentação de um episódio que possui, intrinsecamente, a faculdade de interessar e comover, ou seja, de mobilizar afetos pelo seu impacto, mediante o desenvolvimento de uma ou várias ações.

Em toda representação dramática, as ações que evocam sensações e afetos de ordens diversas desenvolvem-se em certo espaço e certo tempo que são o tempo e o espaço dramáticos.

Desse modo, podemos acrescentar ao que já foi enunciado que a representação dramática é um ofício ou uma arte temporal-espacial, ao passo que as representações plásticas ou fotográficas são artes meramente espaciais.

Concebendo-se todos os ofícios ou artes fundamentalmente como um método, a *representação dramática*, em virtude do que já foi observado, é um caminho que permite, além de apresentar, investigar e operar com o tempo e o espaço próprios do homem, e também com seus afetos.

A representação dramática, como todo método, dispõe de instrumentos próprios.

Um desses instrumentos fundamentais é o próprio homem, que se compromete nas ações da representação dramática com toda a sua corporalidade, seus afetos, seus valores, seu pensamento e sua capacidade de decisão.

Por isso, a representação dramática é um meio de investigação em todos esses campos; à possibilidade de elucidação acrescenta-se a faculdade de produzir no homem determinadas modificações.

Os instrumentos essenciais de uma representação dramática são a *mensagem*, que está contida na ação dramática e desprende-se dela; o *ator* ou *atores*, que executam essa ação; e o *público*, que recebe ativamente a mensagem como uma verdadeira caixa de ressonância afetiva.

A representação dramática também é regida por leis muito peculiares.

A DRAMATURGIA

A disciplina que estuda os instrumentos e as leis, e que descreve os modos, os fundamentos e os objetivos desse ofício, é a dramaturgia.

Trata-se do conjunto de teorias que aponta para o conhecimento do drama e para a representação dramática.

As técnicas dramáticas, ao contrário, são os procedimentos que indicam a promoção de ações dramáticas com determinados objetivos.

As técnicas dramáticas apóiam-se na *dramaturgia*.

Como já vimos, a primeira lei da dramaturgia e seu princípio essencial é a lei do *como se*.

Segundo essa lei, tudo o que ocorre no espaço e no tempo da dramatização é ficção ou simulação.

Nesse modelo, todos se adaptam a certas convenções. Entenda-se por "todos", tanto os que executam o ato dramático quanto os que o presenciam. O ato de presenciar, como se verá, não pode jamais ser considerado um mero estado receptivo ou passivo.

Para que um fenômeno dramático ocorra, devem interagir, necessariamente, todos os instrumentos que lhe são essenciais.

Sem a confluência de todos os seus instrumentos, jamais poderá surgir o ato que se denomina representação dramática. Esta é uma lei fundamental da dramaturgia.

REPRESENTAÇÃO DRAMÁTICA E COMUNICAÇÃO

Como já vimos, para que um ato dramático seja verdadeiro e se constitua no fenômeno a que chamamos de *representação dramática*, todos os participantes, tanto atores como espectadores, devem ser, de uma maneira ou outra, seus executantes.

Os espectadores devem desempenhar um papel ativo, atuando como verdadeira caixa de ressonância do ato, sem o qual o fenômeno não alcançará a categoria de representação dramática.

O que a converte num autêntico fenômeno de comunicação.

Na corrente comunicativa, o papel do ator tende sempre a promover o contra-papel do público. Isso é tão essencial que, se o ator não o conseguir, não haverá drama.

É preciso lembrar que a dança é também um ato temporal-espacial e, como a representação dramática, tem a mesma origem ritual na sociedade real primitiva.

Por isso, tentemos uma analogia entre esses dois atos para descobrir suas diferenças essenciais.

Em determinadas ocasiões, a dança pode ser pensada como um fenômeno que ocorre na solidão.

Dançar pode ocorrer como uma ação estritamente autônoma ou um fenômeno de comunicação do homem consigo mesmo.

A representação dramática, ao contrário, é impensável desse modo, pois trata-se sempre de um ato heterônomo. Seu elemento constitutivo fundamental é a busca da comunicação com o outro.

Na verdade, pode-se conceber um ato de dança executado como uma experiência pessoal ou individual de transcendência.

Se rastrearmos os rituais primitivos, iremos encontrá-la nos atos em que o homem busca a comunicação consigo mesmo a partir de um estado de ânimo especialíssimo, um estado emocional intenso, e como forma de uma busca individual de harmonia, unidade e equilíbrio.

A dança também pode ser a busca de um transe, pelo qual vivem-se experiências de acomodação, nas quais são conseguidas vivências integrais e de comunicação íntima com o todo.

Nas danças cujo objetivo é a busca do transe metafísico, o bailarino procura sua integração com a energia cósmica.

Também é possível encontrar esses fenômenos autônomos da dança nos rituais sagrados, por meio dos quais o homem procura experiências de transcendência mística.

Todos esses exemplos mostram a possibilidade da dança como um ato autônomo.

Por outro lado, é inconcebível um ato dramático solitário.

Uma representação dramática solitária e sem público é absolutamente impensável. A ação dramática é, em sua essência, heterônoma, e para isso exige necessariamente um contexto humano de interações, o que implica sempre pôr em jogo valores de solidariedade e cooperação.

A representação dramática também é uma busca do homem, mas destaca-se fundamentalmente como método que tende a promover a compreensão humana compartilhada, o vínculo com seus semelhantes.

REPRESENTAÇÃO DRAMÁTICA E COMPREENSÃO

Recordemos que a representação dramática foi um ofício ou uma arte que surgiu como método para a compreensão da mudança do desconhecido em conhecido, na razão mítica.

Por isso, seu efeito será sempre a catarse de integração em sua vertente ativa ou ética e na vertente passiva ou estética.

Com a representação dramática e seu inerente fenômeno de comunicação torna-se possível o salto duplo, do *pathos* e de sua opacidade, para a iluminação do *logos*. Esse salto ocorre dialeticamente, mediante intermediação ou síntese do simbolismo, que surge para a consciência através do próprio ato dramatizado. O ato de compreensão ocorre como uma verdadeira evidência, e é precisamente no contexto da relação, da interação e da comunicação dramática que ele tem seu *locus nascendi*.

É o contexto dramático que, ao oferecer as possibilidades de confrontações antagônicas e coadjuvantes, permite atingir o fenômeno das compreensões, para que se torne atual na consciência humana aquilo que era desconhecido até o momento.

REPRESENTAÇÃO DRAMÁTICA E PARTICIPAÇÃO

O que observamos em relação à representação dramática é essencial no psicodrama.

Nesse sentido, é importante insistir que, mesmo quando o diretor promove a compreensão do protagonista mediante uma interpretação e o consegue, o mesmo que ocorre na etapa do comentário, ele está, nesse momento, efetuando um ato dramático. Isto é, está desempenhando um papel a partir de uma situação antagônica ou de uma posição secundária, mas sempre imerso na contenda dramática e nunca fora dela.

No momento da catarse da integração, tanto o terapeuta quanto o grupo, que funciona como caixa de ressonância, são, para o protagonista e também para os que ressoam com ele em cadeia, verdadeiros executantes do ato dramático. Todos são agentes em plena interação, mesmo os que manifestam corporalmente seu caráter estranho com aparente indiferença, já que com a própria atitude anti-solidária estão representando um papel que muitas vezes tem algo a ver com a própria ação dramática e é uma manifestação do próprio fenômeno.

Eis aqui uma das leis inevitáveis da dramaturgia: tudo o que ocorre na representação dramática deve se desprender apenas da interação daqueles que intervêm na ação.

O leitor deve recordar-se de que somente a partir da instrumentação ideológica da representação dramática foi cerceada a possibilidade ativa e ética da catarse, para enfatizar sua vertente estética passiva, tendo em vista o controle e com o objetivo de restringir os processos de mudança.

Desde então, a representação dramática passou a ser um espetáculo e não mais o fenômeno promotor de atos originais e de mudanças que fora em suas origens.

Só então os executantes do ato dramático se dividem, definitivamente, em atores e espectadores.

Moreno devolve ao ato dramático seu verdadeiro sentido de representação como *in statu nascendi*, e também chama o espectador de observador participante.

Tudo o que ocorre no espaço e no tempo da representação dramática participa ativamente do fenômeno dramático, e isso inclui todas as etapas de uma sessão dessa natureza, seu processo e seus instrumentos.

No teatro, ao contrário, entendido apenas como espetáculo, os executantes do ato dramático são somente seus atores.

No psicodrama, onde na verdade volta-se à situação original da representação dramática, tudo e todos são executantes e as interações compõem e desenvolvem a ação dramática e seu processo.

Em psicodrama, o fenômeno dramático é um verdadeiro processo que se desenvolve em continuidade e se apresenta como uma série de atos dramáticos articulados, que se sucedem e se desenrolam em cena, em busca de uma resolução.

Havia-se concordado em definir a representação dramática como a ação de se apresentar episódios que tiveram a faculdade de comover, isto é, de mobilizar afetos.

Também se concordou em precisar que essa atividade é um caminho para que se compreenda a mudança do desconhecido para o conhecido, por meio das possibilidades de confrontações antagônicas e secundárias que permitem trazer à consciência aquilo que até o momento não estava presente, e a que chamamos especificamente de compreensão (à maneira de Husserl).

Foi também declarado que a representação dramática é essencialmente um fenômeno de comunicação pelo qual se torna possível o salto da opacidade do *pathos* para a luminosidade do *logos*, no caminho de uma evidência.

REPRESENTAÇÃO DRAMÁTICA, AÇÃO DRAMÁTICA E CONFLITO DRAMÁTICO

A ação é uma condição indispensável da representação dramática.
O ponto de partida de toda ação dramática é sempre um conflito. Se não há conflito, jamais haverá ação dramática.

O conflito dramático deve ser entendido como um antagonismo posto em cena.

Por isso, como ponto de partida, um conflito dramático implica uma oposição entre o objetivo do protagonista e o do antagonista.

Vejamos alguns exemplos que vão esclarecer esse ponto.

Do ponto de vista dramático, o beijo entre dois atores no palco não é uma ação no sentido estrito; é sempre uma resolução dramática. Neste ato não há conflito.

No entanto, se o objetivo do protagonista for beijar para satisfazer o seu desejo e o antagonista opõe-se ao beijo ou o recusa, aí, sim, existe um conflito dramático.

Outro exemplo: se o protagonista está cansado e precisa se sentar, seu objetivo será alcançar a cadeira (a cadeira será, neste caso, o elemento secundário, isto é, o elemento ou pessoa que exerce o papel auxiliar e completa o objetivo). Quando o protagonista se senta, tudo fica resolvido e ali termina a exposição dramática, numa conclusão ou *resolução*.

Ao contrário, se a cadeira adquire vida e, antagonicamente, escapa, opondo-se à intenção do protagonista, deixando que ele caia ao chão e fique desconcertado, vemos como se reinicia a ação dramática. A reabertura da ação ocorre porque permanece intacta a unidade de opostos conflitivos que inevitavelmente conduzirão o protagonista e seu contendor a uma nova tentativa de interação antagônica ou secundária, que tenderá sempre para algum modo de resolução. Mas, para que o drama continue, essa resolução permanecerá apenas uma tendência. Quando ela é executada, algo foi concluído.

Pelos exemplos citados, fica bem claro que os conflitos, durante a ação dramática, devem manter-se antagônicos em cena, desenvolvendo-se no tempo e no espaço dramáticos e transformando-se permanentemente.

O conflito dramático, desde o ponto de partida, continua se desenvolvendo como uma unidade de opostos permanentes. O antagonismo em cena implica sempre a extensão no tempo dessa oposição inicial, intacta ou transformada, mas sempre presente.

Além disso, essa extensão vai determinando alterações constantes nos enfrentamentos dos papéis contrapostos, desenvolvendo o conflito dramático.

O conjunto do desenvolvimento denomina-se *ação dramática*.

A ação dramática é, portanto, o próprio processo e o desenvolvimento dos opostos conflitivos nela contidos; é uma totalidade da qual fazem parte os opostos conflitivos.

Assim considerada, é um verdadeiro e típico processo dialético, no sentido de que em seu desdobramento, cada instante remete sempre a um passo anterior, assim como já incorpora o passo posterior, para o qual tende e conduz.

A ação dramática como sucessão é, em si, a síntese continente de todos os passos do conflito dramático e a soma de todas as unidades de opostos que nela vão se desenvolvendo. É também o próprio encadeamento dessas unidades de opostos.

Por tudo isso, a ação dramática pode se definir como uma força que vem de um ponto e se dirige a outro, ao longo da representação; com isso fica evidente que a essência da ação dramática não pode ser captada em um instante, mas somente quando se cumpriu a totalidade de seu desdobramento.

O caminho de sua totalidade divide-se em pequenas unidades de ação, e a cada uma delas dá-se o nome de *unidade dramática*.

Essa é a menor parcela de sucessão em que pode ser dividido o processo da ação dramática de uma representação, em que ocorre uma mesma natureza de opostos conflitivos.

Cada vez que o protagonista muda seu objetivo, altera-se o que, dramaticamente, se denomina *natureza de opostos*, e ele conclui uma unidade para dar início a outra, enquanto a ação continua.

SEGUNDA PARTE

Psicodrama

A VISÃO ANTROPOLÓGICA MORENIANA

No primeiro quarto de nosso século, Jacob Levi Moreno fundou uma metodologia e a propôs para ser investigada pelas ciências humanas, inclusive a psicoterapia.

Centralizado na filosofia do encontro e do ato e nas idéias relacionadas à concepção do momento que reverberavam na época, Moreno assentou as bases de seu pensamento, iniciou a psicoterapia de grupo, criou o psicodrama e o sociodrama e deu origem à sociometria.

A visão antropológica moreniana prefere situar-se na ótica de que o homem é um ser inacabado, no sentido de aceitar uma contínua transformação de si mesmo, lançado em sua existência através de uma longa série de integrações.

Dessa perspectiva, o homem se revela a Moreno como um ser em constante desenvolvimento, cujas possibilidades vão se desdobrando.

Para cada indivíduo, esse desdobramento vai depender de seus próprios modos de se relacionar. Ou seja, de sua capacidade de criar vínculos.

A psicologia de Moreno baseia-se, fundamentalmente, no vínculo humano, e ele propõe a teoria dos papéis precisamente como uma tentativa de compreender os modos de efetuar os relacionamentos, na grande série de integrações que a existência oferece.

Sören Kierkegaard já havia observado que toda existência humana deve ser essencialmente considerada como possibilidade de relacionamento.

O pensador dinamarquês exerceu profunda influência no criador do psicodrama.

Kierkegaard, em sua tentativa de criticar o romantismo filosófico e, portanto, sua contrapartida, o ceticismo da época, e procurar superá-los, já havia observado que toda possibilidade, justamente por ser possibilidade, podia ou não acontecer.

Como psiquiatra, Moreno tinha de encarar os modos não resolvidos das pessoas que buscavam ajuda na psicoterapia. Por isso, sua preocupação era eminentemente prática.

A partir dos ensinamentos de Kierkegaard e das profundas influências do pensamento de Martin Buber, ele compreendeu que os conflitos não resolvidos cerceiam as possibilidades de relacionamento próprias do homem, tanto consigo mesmo quanto com os outros; finalmente, os conflitos truncam a capacidade de transformação humana no caminho da transcendência.

Quando ainda era estudante de medicina, Moreno já trabalhava em Viena como diretor de teatro, inscrito no movimento de reação ao romantismo, com idéias novas sobre a representação dramática espontânea.

Já havia trabalhado com grupos de prostitutas e realizado algumas experiências interessantes a partir de suas observações sobre as brincadeiras coletivas das crianças que freqüentavam os parques vienenses.

Essas observações levaram-no a perceber o fenômeno dos seres isolados.

Muito mais adiante pôde aprofundar-se nos condicionamentos que atuam para que um ser com aspectos não resolvidos tenha cerceadas algumas de suas possibilidades de relacionamento e inicie o caminho do isolamento.

Esses modos de ser pareciam-lhe fixações claras em cenas que paralisavam os sujeitos e os ancoravam em determinadas posições no longo processo do desenvolvimento individual, o que o impulsionou à busca da veia genética-motivadora dos modos de ser não resolvidos.

Desse modo, pôde compreender como o resultado de tais fixações proporcionava sempre os indícios de uma existência humana frustrada em algumas de suas possibilidades de relacionamento e de inter-relacionamento.

A partir do estudo dos papéis, ele encarou o conceito de identidade humana e os conceitos de "átomo cultural" e "átomo social" como aqueles em que toda identidade se fundamenta e se sustenta.

A identidade de cada ser humano é vista por Moreno como o resultado de um desenvolvimento numa busca constante de integrações e totalizações profundas, ou seja, a tentativa e o desenvolvimento a que todo homem se lança, às vezes de um modo claro e outras, obscuro.

Esse processo, o da identidade, é considerado por Moreno apenas uma primeira parte do caminho existencial humano.

Nesse sentido, o pensamento moreniano é nitidamente hassídico. Seu embasamento o leva a conceber uma estrutura metodológica que aponta, de um lado, para uma psicologia das motivações, caminho magistralmente indicado por Freud, mas também inclui, de outro lado, uma preocupação com a psicologia dos objetivos.

Explica-se, então, por que Moreno insiste sempre na importância do axiológico no ato médico em geral e em seu método em particular.

A partir dessas duas perspectivas, o processo evolutivo do ser é visto por Moreno como um desenvolvimento em que todo homem, para conseguir sua integração, deve passar dramaticamente por limiares e se desdobrar em matrizes.

Nesse desdobramento, e na tentativa dele, todo ser deve passar por diferentes fases, saltando de uma fase para outra por meio de verdadeiros atos básicos.

Em cada uma dessas passagens ele tenderá a permanecer estático ou se lançará à mudança.

Isso sugere por que a concepção do ato é fundamental no pensamento moreniano.

Antes de ingressar na carreira médica, Moreno já havia refletido profundamente sobre os atos humanos. Como diretor, em Viena, dedicou-se a uma busca rigorosa que possibilitasse a liberação da espontaneidade e a revalorização da criatividade no ofício teatral.

Já psiquiatra, defrontou-se com pacientes que se encontravam imobilizados diante de seus próprios modos de ser não resolvidos, em dúvida entre permanecer encerrados em seus estados ou, ao contrário, decidir iniciar novas condutas; a problemática do ato apareceu novamente em toda a sua magnitude.

O compromisso médico o conduziu à necessidade de chegar a uma síntese totalizadora de todas as reflexões anteriores.

Foi quando a possibilidade resolutiva da representação dramática, uma velha invenção do homem, apareceu-lhe em toda a sua grandeza operacional.

Essa redescoberta foi o catalisador que o fez desembocar na convergência metodológica de suas diferentes linhas de pensamento.

Moreno conseguiu compreender o valor instrumental da representação dramática para o ato médico e revelá-lo à psiquiatria moderna.

A partir daí começou a desenvolvê-la sistematicamente como um método nuclear.

Desse modo, a representação dramática reapareceu como um modo de operar extremamente eficaz na práxis psiquiátrica.

O DESENVOLVIMENTO DA IDENTIDADE SOB A ÓTICA PSICODRAMÁTICA

Este tema foi tratado por mim em outro trabalho, mas volto a ele para fazer algumas reflexões específicas sobre o que nos preocupa.

Para Moreno, o conceito de identidade contém, implicitamente, a idéia de papel.

No psicodrama, o papel é o ponto de partida para a compreensão do homem.

Segundo a concepção moreniana, os papéis não surgem do eu, mas, ao contrário, é o eu que surge dos papéis.

O primeiro ato respiratório, após o nascimento, cria na criança um novo modo de ser.

Com o primeiro ato de respirar imprime-se na criança recém-nascida a primeira emergência originária de um papel psicossomático.

Quase ao mesmo tempo que o papel respiratório vão surgindo os outros papéis psicossomáticos, como o de ingeridor, urinador e defecador.

A afluência dos papéis, cada vez mais complexa, irá se aglomerando nas estruturas, que tenderão a confluir para uma totalidade integrada.

O eu, na proposta teórica moreniana, surgirá precisamente como resultado dessas confluências.

A tendência constitutiva se efetuará por agrupamentos de papéis, que irão se aglomerando em torno dos papéis primitivos, os papéis psicossomáticos que funcionaram como pivôs para todos os demais.

Os papéis psicossomáticos surgidos das necessidades fisiológicas serão os eixos básicos de cada ser, e em torno deles irão se aglutinando os que emergirem posteriormente.

Vemos aqui a maneira como Moreno concebe a identidade humana. Ela é pensada como um mosaico em constante inter-relacionamento.

Há uma nítida analogia entre essa concepção e o mosaico das zonas erógenas, na psicanálise.

Como em Freud, há em Moreno um forte enraizamento evolucionista que se sustenta *a priori* num poderoso substrato biológico-genético.

Na elaboração de sua teoria, Moreno ocupou-se especialmente do desenvolvimento do papel de ingeridor; descreveu cinco etapas em sua evolução. Quanto aos outros papéis psicossomáticos, enunciou apenas suas linhas de investigação.

Rojas Bermúdez, em nosso meio, chama de *núcleo do eu* a estrutura que resulta da confluência básica dos primeiros papéis psicossomáticos.

Esse autor, em seus trabalhos, concentrou-se especialmente nos papéis de ingeridor, urinador e defecador da criança, considerando-os como pontos de partida para as possibilidades posteriores do adulto, no que se refere ao relacionamento com a área-mente (o pensar), a área-corpo (o sentir) e a área-mundo (o fazer).

Se aceitamos a concepção psicodramática, segundo a qual essas áreas têm como base as emergências originais dos papéis psicossomáticos, devemos aceitar também os modos como tais emergências e os climas afetivos que lhes dão colorido repercutirão profundamente na esfera psíquica e na esfera social de cada indivíduo, assim como em toda a cena relacionada a qualquer emergência posterior dos papéis citados, e cujo destino é conglomerar-se em torno desse núcleo.

Os climas afetivos próprios das cenas em que se cristalizaram essas emergências de papéis condicionarão as possibilidades de relacionamento e os modos de ser que cada homem utilizará no mundo em que lhe cabe viver.

Os interjogos dramáticos ocorridos nessas cenas e os acontecimentos decorrentes dos encontros com as funções, as figuras e as personagens familiares durante o processo biográfico, condicionarão as emergências de cada um dos papéis. E toda vez que as crises, as opções e as integrações que aparecem na vida de cada ser humano forem postas em cena, esses climas imprimirão sua tônica.

Em síntese, é isso que sustenta as buscas e as explorações psicodramáticas na vertente da motivação.

O CONCEITO DE MATRIZ EM MORENO

Para se compreender as idéias de Moreno sobre a identidade humana, é necessário levar em conta o seu conceito de *matriz*.

Ele define a matriz como o *locus*, e recorre a esse enunciado para deixar em aberto a acepção clássica de "local de acontecimentos básicos".

Para ele, portanto, não é um mero molde, mas uma área de ações e interações constitutivas e fundamentais, um universo peculiar em que ocorrerão os encontros e os desencontros do ser, os papéis principais, secundários e antagônicos no próprio momento de suas emergências originais.

Segundo Moreno, a partir do nascimento, o homem atravessa três universos em seu futuro constitutivo, aos quais ele denomina matriz de identidade, matriz familiar e matriz social.

Cada um desses universos tem características essenciais e distintas.

As peculiaridades que diferenciam cada uma das matrizes podem ser mais bem compreendidas se forem consideradas sob a ótica de alguns conceitos revistos nos primeiros segmentos deste trabalho. Observa-se, então, que cada um desses universos possui uma ordem peculiar que apresenta analogias com as ordens próprias da razão mágica, da razão mítica e da razão lógica.

MATRIZ DE IDENTIDADE

A matriz de identidade foi claramente descrita nos trabalhos de Moreno e aparece elaborada em duas fases. Na primeira, a partir do nascimento, a criança ainda não pode distinguir o interno do externo, o antes do depois, o próximo do distante.

Nessa primeira fase, a que Moreno denomina *matriz de identidade total indiferenciada*, a criança está imersa em um sincretismo absoluto.

Por estar submersa na experiência pura de seu futuro, o desdobramento da criança ocorre como uma contínua concatenação de atos em que o próprio ser *é* cada um desses atos.

Moreno denomina a esse contínuo de eventos *fome de atos da criança*.

Nessa indiferenciação absoluta ainda não emergiu nenhum aspecto do ser que possa funcionar como registro de seus próprios acontecimentos.

Na primeira fase do universo infantil emergem os papéis psicossomáticos, complementados pelas funções dos egos-auxiliares naturais que atuam como contra-papéis, mas que, para o ser, ainda estão imersos num total e absoluto sincretismo.

Quando seu desenvolvimento neurológico permitir, a criança começará a distinguir e fará suas primeiras diferenciações entre o próximo e o distante, o antes e o depois, o interno e o externo.

A partir desses discernimentos, que funcionam como verdadeiros atos básicos, a criança vai constituindo um novo modo de ser.

Surge agora a segunda fase da matriz de identidade, ou *fase diferenciada*, quando inicia o aparecimento de novos papéis e onde os contra-papéis começam a se distinguir como funções familiares.

Por intermédio dessas emergências e de seus atos básicos, o ser vai constituindo um *proto-eu*, para o qual confluem todos os seus papéis, e a partir daí a criança pode se colocar diante de um *proto-não-eu*, no qual irá situando todos os papéis complementares, como, por exemplo, as funções familiares. Esta será, para a criança, uma verdadeira seqüência dramática de eventos antagônicos e coadjuvantes (deuteragônicos).

Nesta fase, quando o *proto-não-eu* já começa a ser percebido como um conjunto de modelos ou funções discernidas, estabelece-se um verdadeiro processo de interações que se encontram claramente instituídas numa ordem que pode ser caracterizada com a marca do mágico, pela simples razão que, na ordenação, essas interações revelam-se como tentativas dramáticas com características de domesticação.

É nessa fase infantil que começa a entrar em crise a relação de pura proximidade e puro presente, própria do sincretismo da fase anterior, e começa a se delinear para o ser um princípio de espacialidade e de temporalidade.

Mediante uma série de atos básicos, a criança parte para o reconhecimento do limite entre suas necessidades e as funções que as satisfazem.

A partir desses esboços, poderá separar de si o objeto como uma forma, e a função familiar como uma figura fisionômica, que por sua vez irá instituí-la, proporcionar-lhe uma imagem e estruturá-la, no sentido sartriano, posteriormente retomado por Lacan.

Nessa matriz, as funções familiares começarão a se delinear como figuras fisionômicas que aos poucos irão se distinguindo do *proto-eu*.

As distinções possibilitarão, finalmente, a emergência de uma capacidade do ser que, no psicodrama, Moreno denominou *faculdade télica*, ou seja, aquela que permite à criança iniciar seu relacionamento a distância com o *não-eu*. As coisas, e essas figuras, instituídas agora como figuras fisionômicas familiares, acabam de ser delineadas e, ao mesmo tempo, possibilitam-lhe delinear a si própria.

Entretanto, apesar dos esboços, a peremptoriedade da necessidade infantil é ainda tão poderosa que continua colorindo dramaticamente todas as interações que ocorrem durante as duas fases do primeiro universo.

O interjogo continua com todas as suas características promotoras e ávido de satisfações imediatas.

Na ordem mágica, o desejo nunca pode enganar e a esperança jamais pode falhar; esse princípio parece estar presente com muita freqüência nesta matriz.

A capacidade télica do ser é, por isso, apenas um esboço e o papel está tão arraigado ao seu complemento que constitui com o outro pólo uma tentativa permanente de dupla âncora, como se predominassem poderosamente em todos os interjogos as leis mágicas do contato encarnador e de semelhança, e por essa razão as técnicas psicodramáticas mais adequadas para estimular a produção de limites para os papéis fixados a estas fases são o duplo e o espelho.

MATRIZ FAMILIAR

O segundo universo a que a criança chega em seu desdobramento é denominado por Moreno *matriz familiar*.

Tão logo a fase anterior de *proto-eu* é superada e a criança é situada como um *eu*, seu macrocosmo ainda se encontra poderosamente influenciado pelo seu microcosmo.

O vínculo que ela tem com o mundo neste *locus* caracteriza-se por um modo de relacionamento "real" com tudo o que é *não-eu*.

As coisas e as outras figuras, familiares ou estranhas, são como a criança as percebe diretamente, ou seja, reais.

A mecânica de todos os acontecimentos lhe é oferecida, aqui, como intencional.

Para a criança, todo movimento é vivido como se fosse acionado por alguém (artificialismo) e também com um sentido ou com uma finalidade determinados. Para ela, o movimento tem um *para que* (finalismo) e, estimulada pela curiosidade, ela vai procurar desentranhá-lo.

A partir do seu assombro, a poderosa tendência exploratória desenvolve-se nesta matriz como uma ansiedade básica que aponta para tudo o que lhe é desconhecido, para transformá-lo em algo conhecido, a ela relacionado e construído segundo sua própria medida (egocentrismo).

Além disso, o universo da matriz familiar, devido ao sentido vital peculiar que nesse momento a criança outorga a todas as coisas de seu mundo, tem uma característica animista essencial.

Nesse *locus* irão ocorrer as emergências de duas atividades básicas para o ser: a atividade mimética e a atividade mitopoiética.

Por meio dessas faculdades, o "interno" e o "externo" aos poucos irão se redimensionando e se desenvolvendo constitutivamente na criança.

Ao emergir sua atividade mitopoiética, ela pode começar a colocar em crise seu modo de relacionamento "real" com o *não-eu* (a realidade), e é nesse hiato que vai inserir-se o imaginário.

A criança, graças à atividade mitopoiética, poderá mais tarde chegar ao *logos*; gradativamente ela tomará uma certa distância das coisas, para finalmente assentá-las ao *logos*; e, conseqüentemente, nomeá-las. Mas antes é preciso que tenha surgido nela a atividade do ilusório.

Quando, por meio da capacidade mitopoiética, a vigília infantil começa a se povoar de figuras e o sono, de cenas oníricas, a criança poderá iniciar o caminho que posteriormente irá conduzi-la à plena faculdade, que, mais adiante, desembocará no limite básico entre a fantasia e a realidade.

Por outro lado, com a emergência da atividade mimética, começa a crise nos interjogos de domesticação, a criança passa ao domínio dos jogos de emulação.

Inicialmente, copia os papéis de seus egos-auxiliares naturais. Por meio das repetições, ela vai familiarizar-se com seus protótipos e instituí-los como modelos de conduta.

Esses atos miméticos aos poucos irão familiarizando a criança com o código gestual que lhe é proposto por seus egos-auxiliares naturais e instituindo a sua fisionomia.

Nessa matriz, as figuras familiares vão se convertendo em personagens prototípicas que lhe propõem um código corporal. É a interação com elas que permitirá à criança uma comunicação gestual com o seu mundo.

A atividade mimética é, fundamentalmente, aquela que conduz a criança à descoberta empírica da técnica da inversão de papéis. Logo voltaremos a falar sobre isso.

Também é importante levar em conta que, a partir dos surgimentos das atividades mitopoiética e mimética, a *fome de atos* da criança começa a entrar em crise e nitidamente a decrescer.

A ansiedade básica infantil, característica da etapa anterior, aos poucos ficará reduzida a nada mais que um resíduo, que nela permanecerá como *fome de transformação*.

Já tínhamos visto como, pela atividade mimética, a criança se lança à exploração de seus contra-papéis. A partir da descoberta empírica dessa técnica, sustentada em sua atividade mimética, ela mergulha no mundo.

Mediante os jogos constitutivos da inversão de papéis, toda criança, na exploração do mundo que a rodeia, encontrará experiências diferentes.

Todos esses jogos de inversão de papéis irão defrontá-la com vivências muito peculiares.

É sua ansiedade básica que a impulsiona audaciosamente para esses jogos.

Moreno dá a essa ansiedade motivadora o nome de *fome cósmica de transformação* e a define como uma tendência que, em última instância, nada mais seria que o remanescente da *fome de atos* dominante na matriz anterior.

Segundo Moreno, a fome cósmica seria uma necessidade residual infantil de reeditar a identidade original que o ser possuía no todo sincrético que caracterizava seu primeiro universo, agora definitivamente perdido.

Por meio dessa nova fome, a criança tende a reencontrar aquela identidade cósmica perdida, que antes foi o seu ponto de partida.

Ela jamais poderá voltar à situação reiteradora e onipotente, mas tentará de algum modo uma maneira de restaurá-la.

A forte tendência da criança, descrita por Moreno como fome cósmica de transformação, é a tentativa do ser para atingir uma nova forma de totalização.

Como vemos, mediante a atividade mitopoiética e a atividade mimética, a criança consolida, expande e confirma sua estrutura egóica.

Impulsionada pela fome cósmica, ela tenta todas as explorações com cada um de seus papéis complementares, mas o profundo mandamento deste desejo é tão poderoso que cria nela uma tendência a se transformar na totalidade deles.

A criança coloca em ação essa poderosa tentativa de totalização nas sucessivas seqüências de inversão de papéis, para reeditar o gozo e a plena segurança, específicos da posição anterior. É uma tentativa de, a partir de seus limites originais, voltar a obter a absoluta e única identidade perdida.

Essa poderosa tensão ou *fome cósmica de transformação*, posta em ação na busca constante de inversão de papéis, é a tensão que a criança enfrenta com seus próprios limites. Nesse processo, terá de descobrir empiricamente que, com alguns aspectos do *não-eu*, é absolutamente impossível inverter papéis. Então, com a mobilização do temor, a criança irá descobrindo, dramaticamente, em cada um desses choques (encontros), e por um caminho difícil, a limitação de sua onipotência primitiva.

Entretanto, mesmo depois de perder a onipotência, a fome cósmica persistirá nas profundezas do ser, transformada em um resíduo ativo, do qual voltaremos a falar mais adiante.

Em minha opinião, a passagem da criança pela matriz familiar pode ser encarada também como um processo de duas fases.

Na primeira, que denominei *fase mítica da matriz familiar*, a criança estará inserida em uma ordem peculiar, onipotente e absoluta.

Nesse *locus*, seus egos-auxiliares naturais já começaram a adquirir toda a complexidade estrutural de poderosas personagens familiares.

Recordemos que, na fase indiferenciada da matriz de identidade, esses egos-auxiliares eram meras funções imersas no sincrético, e na fase diferenciada haviam emergido como figuras; nessa fase mítica da matriz familiar, eles irão adquirir as dimensões complexas de personagens com características heróicas.

O inter-relacionamento com eles será, portanto, extremamente complexo para a criança.

Os vínculos que vão se instituindo a partir das interações com essas personagens antagonistas e secundárias serão variados e complexos.

Para os vínculos irão confluir unidades diferentes e com papéis alteráveis, com seus respectivos contra-papéis e papéis complementares.

As complementaridades e as oposições desses interjogos darão origem a uma estrutura axiológica com as características do mítico, já que os vínculos e os papéis funcionam agora com valores estáticos, absolutos e inquestionáveis, modelos que, justamente por apresentarem essas modalidades, outorgam a essa fase uma qualidade mítica.

Nesse *locus*, mediante a atividade mimética da criança, ocorrerão as emergências de condutas que, por semelhança ou por reação, terão algo a ver com os modelos prototípicos das personagens familiares que intervêm em cada acontecimento.

As personagens, que aqui se apresentam arquetipicamente, influem positiva ou negativamente, sempre com toda a carga e com a força que pode dar origem a uma verdadeira epopéia integradora ou desagregadora.

A SEGUNDA FASE DA MATRIZ FAMILIAR

A segunda etapa da matriz familiar é a fase ideológica e merece ser destacada da etapa anterior.

Nela, o ser pode começar, pela primeira vez, a confrontar criticamente o seu mundo.

Este, na etapa anterior mítica, ainda estava dividido em duas categorias antinômicas: o familiar *versus* o estranho, com a ordenação axiológica gerada pela antinomia.

Mais tarde, na fase ideológica, o ser poderá começar a colocar em crise a axiologia estática e absoluta, própria da ordenação anterior. A criança inicia, então, um longo caminho que, finalmente, em plena matriz social, poderá levá-la a tentar uma difícil mediação para superar as antinomias.

A partir dessa crise, que ocorre na fase ideológica do processo de identidade, o ser começa a criar condições de abandonar os papéis fixados dramaticamente nos jogos próprios da ordem mítica; de relativizar os modelos rígidos entre os que ele dominava, especialmente a lei de participação e exclusão; e de partir para novos atos básicos e novas integrações, vencendo os tabus.

Assim, no mundo helênico da pré-história homérica, chegava-se a uma história através do *logos*; no povo hebreu, através da tábua *revelada* por Jeová e gravada por Moisés na pedra do Monte Sinai, marca-se o salto do universo da matriz familiar para a fase ideológica. Na analogia com o ser individual, como observa Jorge Sauri,[1] isso representa a passagem de uma cultura do tabu e da vergonha para uma cultura da culpa e da responsabilidade.

Para que isso possa acontecer, a função mimética já deve ter dado origem a uma verdadeira *comunicação gestual*, e a função mitopoiética, culminado na palavra.

Mas ainda não é a *palavra* no sentido de mera indicação ou repetição de ecos onomatopaicos, mas como uma verdadeira "voz proporcionadora de sentido", com a plenitude de um ato básico.

Somente a partir daí o ser poderá ficar cara a cara com seus egos-auxiliares naturais, na matriz familiar, e começar a se instituir e a instituí-los ideologicamente como pessoas.

Apenas desse modo o absoluto pode ser colocado em crise e o ser terá condições de se lançar verdadeiramente ao reconhecimento de suas necessidades, de suas emoções e sentimentos, outorgando-lhes algum valor "para ele".

Daí em diante, nessa fase ideológica e com o surgimento dos próprios valores que Carlos Cossio denominou *valores positivos empíricos*, ele poderá lançar-se plenamente às confrontações.

Os valores positivos empíricos, delineados agora pela faculdade do *logos*, do amálgama emocional, poderão ser confrontados com os "critérios axiológicos vigentes" na cultura familiar. Desses confrontos poderão surgir as consonâncias ou as dissonâncias, e dessas

---

1. "La aparición del psicodrama en el panorama de las ideas psiquiátricas", Buenos Aires, Seminarios del Instituto de Psicodrama Buenos Aires, 1979.

últimas, as crises que levarão o ser à mudança, à autonomia e à autoafirmação.

Justamente por meio da confrontação dialética desses valores opostos — tese e antítese —, e do jogo secundário e antagônico das condutas que os envolvem, a mediação axiológica vai se criando. O produto será um papel brilhante, sustentado e baseado num novo valor. A partir desse momento, esse *valor positivo puro* [2] e seu papel resultante dominarão no vínculo e no ser e favorecerão novas crises constituintes e novas emergências.

Todo ato criativo de autonomia e de auto-afirmação, assim como toda decisão, tem como sustentação, ou pivô, um *valor positivo puro*.

Cada ato criativo é, em si, a superação e o salto a partir de uma repressão (no sentido dramático do termo, o que significa uma ausência axiológica de tese), ou a partir de uma negação (também no sentido dramático, de tese axiológica que constitui mera rebeldia, o que só pode dar origem a um papel reativo).

Quando não aparecer um *valor positivo puro*, não haverá uma verdadeira mediação axiológica e, portanto, não terá ocorrido nenhum ato criador.

Somente esse desdobramento verdadeiro do ser em liberdade e espontaneidade no *locus* da *matriz familiar* poderá preparar adequadamente o homem para chegar, de um modo resolvido e criativo, ao terceiro universo, aquele em que ele julgará sua maturidade, e que Moreno denomina *matriz social*. Nesse universo, a família constitui uma parte fundamental. É a partir dela que cada indivíduo praticamente se vinculará ao seu mundo. Mas um ser só estará em condições de passar com autonomia e confiança suficientes à *matriz social* se evoluiu de uma forma harmônica em seus universos anteriores, e a interação com seus egos-auxiliares naturais proporcionou-lhe a confiança ontológica para atravessar o novo limiar. Quando isso não ocorrer, ele estará cerceado, e sua identidade ficará, de algum modo, truncada. O indivíduo não completamente constituído ficará preso a *temores cósmicos*,[3] assim como ocorre quando a diferenciação na matriz de identidade não se cumpriu totalmente — o que condiciona os modos de ser psicóticos —, ou quando o ser, em seu processo evolutivo, ficou preso sob o andaime de uma personagem, como no caso do caracteropata. Ao ser instituído no modo de ser psicopático, foi-lhe necessário construir essa personagem para sua defesa, que a partir de então se torna uma estrutura rígida, um parapeito, uma con-

---

2. Carlos Cossio, *op. cit.*
3. No sentido outorgado a esse conceito por L. Martín-Santos.

denação de não ser mais o que ele é, e sim um ser aprisionado sob suas próprias máscaras miméticas, obrigado a repetir condutas reativas obscuras, dominadas pela fome de atos. Outras vezes, as não-resoluções remetem a paradas no processo de identidade, que ocorreram nas etapas mítica ou ideológica da matriz familiar. Nessas paradas, *o temor ante o olhar dos outros* é o que costuma predominar, tal como ocorre nos *modos de ser neuróticos* em geral.

O ser humano que atravessa esses limiares e se lança confiante e resoluto à matriz social está em condições de enfrentar sua angústia trágica e seu destino, buscando um projeto próprio de existência, na longa série de integrações e opções que a vida exigirá dele.

Os resíduos das ansiedades básicas originais (a fome de atos) terão se transformado no impulso que o levará à busca permanente de uma realização totalizadora. Isso só poderá ser obtido mediante a construção de um universo próprio e de uma cosmovisão peculiar.

O ser adulto só pode inclinar-se nessa direção se seguir o mandato de seu projeto profundo, em uma constante revisão da própria realidade.

Firme nesta tentativa e estimulado pela angústia da finitude, a auto-afirmação e também a auto-realização individual nada mais serão que meras etapas de um caminho que não termina aí.

A incessante tentativa cumulativa e apositiva de busca da verdade, assim como a constante necessidade de reestruturação da cosmovisão pessoal, são matérias sempre inacabadas, ainda por totalizar-se, que acompanham o homem por toda a sua existência.

Mesmo para o ser resolvido, a morte sempre o surpreenderá em plena busca e tentativa.

Buscando a transcendência, o ser humano segue um projeto de totalização que não termina nem culmina e, portanto, não acaba com a obtenção de uma identidade individual, mas sobrevive a ela.

Segundo Moreno, o que impulsiona o desvelo humano é a *fome cósmica* da criança, que persiste no homem adulto como *fome de transformação*.

Nesse aspecto, o pensamento moreniano, avaliado pelas experiências,[4] não é apenas profundamente existencial, no sentido positivo do enunciado, mas evolucionista e transcendente.

As poderosas tendências do ser, que impelem todo homem ao imperativo profundo da busca de uma totalização, não só consigo mesmo, mas para a cultura em que está imerso, foram reiteradamente assinaladas por Moreno em seus escritos.

---

4. J. L. Moreno, "Las bases de la psicoterapia", Buenos Aires, Hormé, 1967, IVª Conferência.

Segundo Moreno, "*o centralismo da miragem humana* jamais deixa de atuar (...) Em todo ser humano, a auto-referência parte sempre de uma referência à *matriz de identidade* original que lhe coube viver e de onde partiu".

Nesse sentido, ele nos diz que a fome cósmica da criança permanece na profundidade de cada homem como um resíduo mobilizador que atuará durante toda a vida. Será o mandato profundo que impulsionará o ser, para além da sua própria realização e na medida de suas possibilidades, a atuar em áreas da realização coletiva e a efetuar um aporte para sua cultura.

Se um indivíduo, por algum motivo, recusa esse mandato, o efeito disso e o conflito profundo cedo ou tarde irão se manifestar por meio de sintomas.

O sintoma, nesse sentido, é para Moreno um aviso peremptório de que o ser deve buscar o caminho de seu reencontro.

E a liberdade, a espontaneidade e a criatividade do homem serão as únicas fontes para que ele obtenha essas integrações que ficaram postergadas e estão aguardando.

Não importa qual seja a parte do caminho que cabe a cada homem recorrer. Não importa até que ponto possa parecer transcendente. O imperativo é encontrar-se nele e percorrê-lo até sua última baliza, desenvolvendo todas as possibilidades no marco do próprio destino.

É essa a vertente que, em Moreno, aponta para uma psicologia dos objetivos. A proposta moreniana é oferecer ao ser uma matriz (o *locus nascendi*), no cenário psicodramático, que possa funcionar como área de acontecimentos para tais reencontros.

OS MODOS DE SER RESOLVIDOS DO HOMEM

O ser humano adulto possui um desenvolvimento de identidade adequadamente constituído, e é isso que lhe permite situar-se em seu mundo de uma maneira resolvida.

No modo de ser resolvido, a liberdade humana é fonte de espontaneidade, e, através desta, existir poderá ocorrer de uma forma criativa.

A conduta humana poderá, então, adequar-se criativamente ao mandato profundo do próprio projeto e à proposta sempre original que cada circunstância ofereça num dado momento. Desse modo, o destino e o acaso ficarão circunscritos apenas a sua real magnitude.

Esse modo de existir ocorrerá como uma espécie de processo dinâmico do homem com a realidade.

Seja qual for o projeto que cada homem assim constituído conduza profundamente, será realizável.

Nesses modos de ser, o sentir, o pensar e o fazer ocorrerão de forma harmônica em constante desdobramento constitutivo.

O sentir e o pensar constituem no homem um par de opostos que tendem a um desenlace resolutivo que aparece na ação.

As contraposições do sentir e do pensar são regidas pelas leis da dialética.

As ações resolvidas só serão alcançadas quando, a partir de cada oposição conflitiva entre a afetividade e a razão, uma das funções promover a passagem da outra para um nível mais elevado.

O pensamento humano só vai poder alcançar seu objeto intencional, que é a realidade, pela mediação dos sentimentos; e os sentimentos, por sua vez, só poderão alcançar seu objeto intencional, que é o valor, pela mediação do pensar.

Sem essas mediações, a razão humana permanece muito distante de seu objeto e não pode indicar a verdade.

Quando o pensar não se adapta nem encontra âncora nos sentimentos mais íntimos e autênticos do ser, inevitavelmente tende a decair em longas seqüências de racionalizações.

Do mesmo modo, o afeto só se eleva às alturas do valor em virtude da mediação enriquecedora da razão, que atua e opera sobre as paixões humanas com suas possibilidades peculiares de seleção e analogia.

A conduta humana resolvida é o resultado de contínuas e constantes mediações do homem, em cada situação, entre as duas áreas.

Se para todo ser vivo escolher é a capacidade de satisfazer uma necessidade, para o ser humano a liberdade baseia-se na possibilidade de interpor um não a uma satisfação imediata.

Um ser se considera resolvido quando pode exercer essa liberdade, iniciada precisamente com a capacidade de dizer "não" a si mesmo.

Em liberdade, o "sim" nada mais é que um segundo "não" ao primeiro "não".

Esta faculdade dialética própria do homem capacita-o para preferir isto ou aquilo em cada uma de suas escolhas, para não ser um mero joguete da necessidade que o impulsiona, mas, ao contrário, ir fortalecendo sua faculdade de perseguir um objetivo e assim adaptar-se a cada uma das situações originais e sempre únicas que lhe cabe viver.

Toda situação em que cada homem permanentemente se encontra apresenta-se de uma forma crítica, e ele se vê obrigado a escolher.

Para o ser resolvido, toda situação envolve o mundo e, portanto, sua existência nesse mundo será uma escolha e sucessão constantes, *para-si* e *com-o-outro*. Em cada uma de suas escolhas, o homem poderá utilizar a liberdade, a espontaneidade e a criatividade.

OS MODOS DE SER NÃO RESOLVIDOS

O homem não pode exercer a liberdade quando está fixado a um modo de ser não resolvido. Por não ter conseguido concluir seu processo de identidade, essa faculdade ficou cerceada.

Seja qual for seu modo de ser peculiar, os obscuros e imperiosos mandatos dos papéis fixados aos modos de fases anteriores serão impedimentos poderosos para se adaptar a uma nova situação.

Para o homem ancorado a modos de ser do passado, tanto o papel comprometido quanto o seu contra-papel, ou papel complementar, permanecerão imersos nos climas e nas ordenações em que emergiram e que os fixaram de uma maneira específica.

Devido a essas motivações, encontraremos ainda nos modos de ser *psicóticos* as características próprias do sincretismo indiferenciado.

Nos modos de ser *caracteropáticos*, sob as máscaras de uma individuação precária e rígida, esses papéis aparecerão em cada atuação e nos remeterão, com todas as suas características mágicas, à ânsia de atos da matriz de identidade.

Do mesmo modo, nas variadas formas dos modos de ser *neuróticos*, descobriremos conjuntos de papéis fixados à fase mítica ou à fase ideológica da matriz familiar.

No homem não resolvido, cada papel que aponte claramente para alguma das fases descritas continuará buscando sua complementaridade nas funções, nas figuras ou nas personagens familiares, tal como aconteceu, ou não aconteceu, traumaticamente no passado.

Os modos que darão colorido aos antagonismos e aos elementos secundários nas interações dramáticas com as contrapartes continuarão sendo os mesmos do passado.

Quando um ser se fixou em alguma etapa de sua evolução, as funções e as figuras onipotentes da matriz de identidade, assim como as poderosas personagens da fase mítica da matriz familiar, tornarão a reaparecer e darão colorido aos acontecimentos do *aqui e agora*.

Como verdadeiros fantasmas, distorcerão suas percepções e povoarão seu mundo.

Essas maneiras de interação não resolvidas conterão o indivíduo, impedindo-o de enfrentar criativamente as novas situações do presente.

Os próprios papéis fixados irão impedi-lo de se situar no *aqui e agora* original, e os papéis complementares dos fantasmas serão projetados permanentemente sobre as pessoas reais que cercam o indivíduo.

Os fantasmas e seus constantes aparecimentos viciarão seus inter-relacionamentos sociais.

O sujeito incompleto em sua constituição encontra-se detido em algum de seus aspectos, em etapas antigas de seu processo de identidade e, por isso mesmo, truncado nesse aspecto de seu ser.

O compromisso do papel ou do conjunto de papéis ocasiona distorções profundas, tanto na relação consigo mesmo quanto na percepção e na comunicação com o outro, o que limita a harmonia de suas interações no *átomo social* em que lhe cabe viver.

AS CENAS TRAUMÁTICAS E AS CENAS NUCLEARES CONFLITIVAS

Toda conduta reiterativa não espontânea, equívoca ou elusiva aponta sempre para uma falha.

Se conseguimos compreendê-la como um significante, poderemos seguir seu fio condutor. Assim sendo, esse ato será um sinal que, mais cedo ou mais tarde, nos fará desembocar na busca de suas motivações e nos indicará por que esse papel ficou detido ou fixado nas matrizes do passado.

Poderemos descobrir, então, que por trás das aparências existe uma cena ou uma série de cenas acontecidas nos *locus* daquelas matrizes evolutivas, que condicionaram a fixação desse papel ou do conjunto de papéis a um modo especial, no exato momento de seu surgimento original.

Denominamos *cenas traumáticas* as cenas que estagnaram o indivíduo num papel que se repete, em nossa escola psicodramática.

No psicodrama, ao mergulharmos na vertente motivadora, algumas vezes podemos elucidar de que maneira um ato não resolvido está ancorado a um modo de ser ou a um papel fixado a estados do pré-eu ou do proto-eu, precisamente na matriz de identidade, na fase de total indiferenciação ou na fase diferenciada com características mágicas. Outras vezes, a ancoragem pode ser encontrada em fases posteriores, próprias da fase mítica ou da fase ideológica da matriz familiar. Também é possível encontrar uma cena traumática no passado imediato ou mediato de um indivíduo que já se encontra em plena matriz social.

São as fixações e as ancoragens que condicionam a conduta humana não resolvida e a caracterizam como carente de liberdade, de espontaneidade e de criatividade. A cada sintoma corresponde pelo menos uma cena que deve ser investigada.

Toda cena traumática do passado biográfico pode chegar a ter um correlato no *como se* dramático. Em nossa escola chamamos de *cena nuclear conflitiva* (CNC) a imagem dramática que se produz no psicodrama cada vez que, seguindo-se o fio condutor de um papel inadequado ou não resolvido do protagonista, ao mergulhar no motivador biográfico, ficam patentes um momento e um espaço que constituem a matriz original do papel que está sendo investigado.

A imagem dramática é a repetição de uma cena traumática do passado do indivíduo, onde aconteceu o *locus nascendi* e o *status nascendi* desse papel.

A partir da emergência traumática, o papel continuou fixado no indivíduo de determinada maneira no modo de sua fixação.

Denominamos essas cenas *nucleares* ou *nodais*, para indicar que se tratam de imagens dramáticas evidenciadoras da matriz que anteriormente condicionou a tendência à fixação nos modos de ser de um papel ou de um conjunto de papéis. Exatamente por isso, esse mesmo nó é agora oferecido na reedição dramática, para que tentemos desatá-lo.

Também as denominamos *conflitivas*, pois com esse enunciado queremos enfatizar que nelas tornamos a nos defrontar com a unidade de opostos que permaneceu não resolvida naquela matriz, e por esse motivo os papéis que delas emergiram foram representados em um ato de negação ou de repressão, como em seguida explicitaremos.

No momento e no lugar desse ato básico da cena traumática, uma ou várias unidades de opostos dramáticos permaneceram em conflito, sem possibilidade de qualquer resolução.

Naquele *locus*, o jogo entremeado de egos-auxiliares naturais falhou, cerceando as possibilidades constitutivas daquele aspecto do ser.

Por isso, o papel foi representado sem a mediação essencial dos opostos afetivos ou axiológicos que estavam em jogo.

Desse modo, os antagonismos e os elementos secundários, por não encontrarem uma síntese, promoveram a emergência de um papel que só pôde se estabelecer mediante um ato de *repressão*, no qual faltou a tese axiológica; ou por um ato de *negação*, que tentou resolver o conflito de maneira reativa, passando para um papel que foi apresentado na tese oposta e originando, assim, um padrão de conduta reativa. Agora, a cena nuclear conflitiva reedita esse conflito para que tentemos, dramaticamente, no cenário psicodramático, chegar à síntese resolutiva.

As cenas nucleares conflitivas pouquíssimas vezes são únicas; em geral, aparecem de forma concatenada, tal como as redundâncias reiteradas de um mesmo tipo de cena. Outras vezes, surgem em seqüências no transcurso de um processo psicodramático, encadeadas no tempo, o que nos possibilita investigar como uma cena está relacionada às antecedentes e conseqüentes.

É fácil compreender que se uma família foi estruturada em um sistema conflitivo criou, nas primeiras fases do ser, antecedentes traumáticos, e logo experimentará conseqüências situacionais similares que ficarão registradas na subjetividade do protagonista como uma seqüência de cenas.

A essência do psicodrama, como veremos mais adiante, é oferecer metodologicamente ao protagonista uma nova matriz que possibilite as resoluções dessas cenas.

Portanto, no psicodrama, a possibilidade de transformação a partir da dramatização de uma cena nuclear conflitiva não só aponta para a própria cena e para seu correlato traumático, mas estende-se à cena de seus antecedentes e conseqüentes, seguindo a mesma concatenação.

Essa tendência abrangente pode ocorrer porque o ato catártico da integração em geral opera sobre todo o conjunto de papéis que se encontram aglomerados e comprometidos nesse aspecto do ser que se está elucidando.

Quando definimos a cena nuclear conflitiva como uma figura dramática, precisamos que essa figura seja entendida como uma produção que nos é oferecida na representação psicodramática.

Por isso, quando falamos de cena nuclear conflitiva não nos referimos àquele acontecimento traumático ocorrido num determinado momento do passado biográfico do protagonista, mas a esta imagem ou cena de sua representação dramática que ele nos oferece no cenário e na matriz do psicodrama.

Quanto mais trabalhamos com grupos e sistemas familiares completos, mais observamos e constantemente confirmamos na experiência terapêutica que as CNC nem sempre correspondem a acontecimentos ocorridos na realidade objetiva de um indivíduo, mas muitas vezes se relacionam apenas a cenas que só ocorreram em sua *realidade subjetiva*. Isso em nada diminui a força da ancoragem que acionaram.

Para um protagonista, a *realidade subjetiva* é absolutamente antiga, original, única e verdadeira, e por isso deve ser tratada, até que ele próprio a modifique e a reestruture por meio de sua compreensão e de novas percepções.

O terapeuta deve respeitar essa realidade carregada de subjetividade e encará-la como uma "verdade", concluindo uma *epogé terapêutica*, o que significa colocar em suspenso e entre parênteses as hipóteses diagnósticas próprias, e também questionar sobre o real ou o imaginário daquilo que o protagonista está apresentando.

Cabe apenas ao protagonista, que sofreu traumaticamente no passado, ao reviver e reapresentar seu sofrimento através da CNC no processo psicodramático, revelar quanta subjetividade e objetividade existem em sua origem.

Durante um processo psicodramático, tudo o que surgir de uma CNC e que subitamente ocorrer na consciência atual do protagonista será resultado de um processo especial de aquecimento; o surgimento ocorre como um ato de *mnemesis* (memória) emotiva, que resolve uma negação ou uma repressão defensiva. Essa negação ou repressão havia margeado a cena no *halo* não atual da consciência do protagonista e o processo de aquecimento reativou seu registro.

A emergência da cena como uma forma representativa do acontecimento traumático do passado apresenta-se, tão logo surge, como um ato intencional potencialmente resolutivo.

No psicodrama, quando se começa a trabalhar com uma cena dessas e com os personagens que nela interagem, a potencialidade resolutiva é executada ou posta em ação dramaticamente, permitindo que o protagonista volte a experimentar todas as vivências necessárias que o farão desembocar, mediante uma série de novas percepções, em outras evidências. É essa a essência do momento revelador da compreensão terapêutica a que Moreno denominou *catarse de integração*.

Recordemos agora que, com os adjetivos "nuclear" e "conflitiva", assinalamos que tais imagens ou cenas apontam sempre para acontecimentos muito especiais, ou seja, os atos básicos onde ocorreu a emergência original de um papel impresso de maneira não resolvida e traumática.

Uma CNC não só nos remete a um acontecimento do passado remoto do protagonista e aponta para o surgimento de papéis impressos na matriz de identidade ou na matriz familiar, como pode também indicar uma situação conflitiva não resolvida que ocorreu no seu passado mediato ou imediato, em plena matriz social.

Será considerada uma CNC toda vez que nos remeter e evidenciar o surgimento de um papel não resolvido na situação e no *locus* de seu ato básico, ainda que o tempo explorado por ela seja o passado imediato. É importante levar em conta a maneira, segundo a matriz em que ela surja, como esse papel ou conjunto de papéis adquiriu vida e se fixou. Muito diferente será como o indivíduo irá se vincular, nesse aspecto comprometido de seu ser, com os papéis complementares, conforme a maneira como nos encontramos diante de um papel que se fixou não resolutivamente em uma ou outra fase das diferentes matrizes evolutivas de seu processo de identidade.

A partir dessas elucidações, os modos de ser, a complexidade dos vínculos e os tipos de interações se tornarão compreensíveis; enfim, tudo o que classicamente tratava-se de encaixar e rotular em quadros nosográficos diferentes.

Nesse sentido, o psicodrama continuará lançando algumas luzes sobre o que, em geral, era considerado o campo da psicose, da psicopatia, da neurose e seus modos de ser; mas essas considerações são premissas para outro trabalho.

OS CAMINHOS DA RESOLUÇÃO

A representação dramática é o núcleo essencial da proposta resolutiva apresentada pelo método psicodramático.

Como já vimos nos primeiros capítulos deste trabalho, as qualidades catárticas da representação dramática foram descobertas na Antiguidade.

Desde então, por meio desse método, vêm sendo explorados vivencialmente os modos de ser próprios dos homens, suas condutas, a maneira como eles se relacionam com os demais, suas paixões e seus valores.

Mas hoje em dia o psicodrama nos fez conhecer algo mais sobre suas possibilidades.

Agora sabemos que a ação dramática, por ser em si um ato temporal-espacial, nos permite apontar os esclarecimentos da temporalidade-espacialidade íntima do homem. Se levarmos em conta que ambas são características essenciais da existência humana, compreenderemos de que maneira elas se encontrarão profundamente comprometidas em todos os modos de ser não resolvidos do homem.

Por isso mesmo, o método que Moreno nos ofereceu, além de nos permitir explorar a temporalidade-espacialidade humana, também nos permite operar sobre ela, e por isso é extremamente valioso na estratégia psicoterapêutica.

Se, além disso, considerarmos que toda ação dramática aponta de maneira essencial para uma atuação sobre os estados de ânimo do homem e nos permite trabalhar com as paixões, os sentimentos e os valores, sua eficácia como método terapêutico nos será revelada em sua real dimensão instrumental. A isso devemos acrescentar que a ação dramática, com suas leis do *como se*, nos permite apontar fundamentalmente para o imaginário do homem, e desse modo operar sobre suas fantasias e ilusões, seus sonhos e mitos íntimos.

O caminho do imaginário pode nos conduzir ao microcosmo de um ser e nos levar a conhecer seus conflitos, suas crises e seus projetos fundamentais, para que, ali mesmo, na profundidade da função mitopoiética da produção dramática, seja possível tentar a transformação e produzir as modificações.

Os grupos das sociedades reais primitivas, assim como o grupo terapêutico psicodramático são constituídos, analogamente, em torno de um ritual.

No psicodrama, tanto o grupo como cada um dos seus integrantes, mediante o processo de aquecimento, situam-se, por intermédio de um protagonista, numa nova matriz, num espaço continente peculiar em que a faculdade mitopoiética de cada um dos participantes pode se lançar à transformação. Toda mudança ocorrerá mediante a compreensão do desconhecido que, desse modo, irá se transformando em conhecido. Esse processo de constante revelação é característico da atividade dramática, e ocorre no *locus psicodramático* como uma verdadeira seqüência apositiva e acumulativa de atos de compreensão.

A longa série de atos básicos e evidências permite os saltos de transformação e de integração de um indivíduo não resolvido para novos modos criativos que o converterão em um ser resolvido.

A ação dramática, além de favorecer os atos resolutivos através do *logos*, aponta também, devido ao seu campo operacional, essencialmente para a função mimética do homem.

É a faculdade mimética do ser que sustenta a possibilidade de comunicação corporal e gestual.

A representação dramática e sua lei do *como se* permitem que se opere profundamente nesse aspecto tão importante da comunicação. As feridas produzidas no passado biográfico ocorrem na criança quando sua única comunicação possível é a corporal.

É fundamental que se tenha um método que opere precisamente neste código de comunicação e num nível tão arcaico.

Nos capítulos anteriores, vimos como se encara, a partir da visão psicodramática, todo aspecto não resolvido do homem, mediante a exploração de um conjunto de papéis que permaneceram fixados a modos de ser do passado. É a isso que chamamos de mergulho na vertente motivadora.

Quando falamos da busca de um papel, certamente estamos nos referindo implicitamente ao seu contra-papel. É impossível pensar em um papel sem considerar o seu complemento.

Pela exploração das fixações impressas nos momentos exatos do surgimento desses papéis, de seus atos básicos originais, desembocaremos com relativa facilidade em uma cena nuclear conflitiva que surge no cenário psicodramático e reproduz uma cena traumática do passado do protagonista. Nessa cena teve origem o modo de ser peculiar e repetitivo que estamos investigando.

Essas fixações comprometeram a evolução e a abertura do indivíduo, cerceando algumas de suas possibilidades de relacionamento consigo mesmo e com os outros, em um mundo que, ao contrário, constantemente exige dele plasticidade e adequação. Os entraves que o incapacitam frente às exigências do mundo serão os motivos de suas crises como indivíduo não resolvido.

Cedo ou tarde, os conflitos que as fixações provocam aflorarão como sintomas.

O método psicodramático, por ocupar-se justamente das formas de relacionamento do homem consigo mesmo e do inter-relacionamento com os demais, assim como das dificuldades de ambos, é proposto como um caminho para que se vá ao encontro dessas paradas e se opere sobre elas para tentar resolvê-las.

O pensamento moreniano opõe-se ao conceito de impossibilidade de cura.

A influência hassídica de *salvação* proporcionou um sentido de profunda esperança ao trabalho psiquiátrico de Moreno.

O encontro com o outro se apresenta como o início de uma verdadeira resolução. A partir dos choques com o antagonista e o conhecimento do outro, pode-se também iniciar o caminho para a melhor compreensão de si mesmo.

Por isso, Moreno instituiu uma psiquiatria que aponta, em primeiro lugar, para as relações interpessoais, e propõe como seu objeto o estudo dos vínculos humanos, de sua dinâmica e patologia.

Durante todo o processo psicodramático, a busca constante dos modos não resolvidos que aparecem nos vínculos que um sujeito estabelece consigo mesmo e com os outros, assim como o mergulho sistemático nas cenas traumáticas que os motivaram, permitem que as perturbações e as distorções sejam compreendidas e se tornem o ponto de partida para se chegar a novos modos de ser.

A compreensão totalizadora, quando abrange as três áreas do ser já mencionadas, permite que as perturbações sejam desestruturadas e uma personalidade mais integrada seja obtida.

Mas para que uma compreensão seja totalizadora e abranja todas as áreas do ser, deve conseguir, no ato dramático, a confluência dos três momentos concomitantes: o momento intelectual, o emocional e o axiológico.

Na concepção moreniana, todo homem, assim como foi capaz de vir ao mundo no ato de seu nascimento, terá sempre a potencialidade, num determinado momento, de fundamentar a si mesmo em um novo ato de criatividade resolutiva.

Esse trabalho de reestruturação criativa será possível se partirmos do conceito de que, em cada indivíduo, estão em jogo não apenas as características ou os papéis não resolvidos e fixados em determinados modos de ser do passado evolutivo, como também a totalidade de seu ser com todos os outros papéis que o caracterizam como átomo cultural.

São essas outras facetas que nos dão a possibilidade de operar sobre ele. Desse modo, oferecendo ao protagonista novas matrizes para que possa corrigir esses aspectos fixados que truncaram sua identidade e restabelecer o processo evolutivo adequado, ele poderá partir para uma verdadeira mudança, que envolverá novos objetivos e novos projetos.

Em psicoterapia, levar isso em conta significa trabalhar também com outra vertente operacional. Não somente com a vertente motivadora que aponta para o traumático, mas com a vertente que explora os objetivos mascarados por uma repressão ou por uma negação.

Moreno sempre insistiu na importância de se operar também nesta última vertente. Na concepção moderna da necessidade de uma psicologia dos objetivos, situou seu método claramente nesta direção:

operar com o projeto humano e capitalizar a força da *ansiedade básica de transformação* específica do homem. É a ansiedade básica subjacente que o inclina a criar uma cosmovisão e uma ordem ética em seu mundo. Por tudo isso, o axiológico ocupa um lugar fundamental no método moreniano.

O fundador do psicodrama considera o nascimento humano um verdadeiro ato de liberdade, de espontaneidade e de criatividade. Por ser o ato do nascimento o modelo e o fundamento de toda mudança humana, o renascimento ou a mudança terapêutica será, fundamentalmente, um ato de liberdade, de espontaneidade e de criatividade. Esses três conceitos implicam necessariamente a consideração de valores.

Segundo Moreno, toda mudança terapêutica é, em sua essência, um salto axiológico. O acesso de uma pessoa a um novo modo de ser, por meio de um ato de criatividade, está baseado e sustentado em um novo valor que acaba de ser produzido. Além disso, o ato de criatividade é, em si mesmo, o ato de produção desse novo valor, sobre o qual irá se sustentar a nova conduta.

Como veremos em seguida, o conceito moreniano de *catarse de integração*, tanto na vertente pessoal como na vertente grupal, é sempre pensado como um ato de verdadeiro renascimento, que estabelece o ser por meio da mudança e produz transformações em seu mundo.

A partir desse *momento*, graças à mudança originada no átomo cultural desse indivíduo (o conjunto de papéis que constitui seu eu) e em seu átomo social perceptivo ou subjetivo (o conjunto de papéis complementares com os quais está vinculado) e graças também aos novos reencontros e aos conseqüentes enriquecimentos perceptivos, o mundo lhe parecerá realmente novo.[5]

PSICODRAMA: A PROPOSTA DE UMA NOVA MATRIZ

Assim como as representações dramáticas míticas eram oferecidas aos iniciados como um rito para canalizar suas emoções aniquiladoras e estruturar uma ordem de valores em sua cultura mítico-religiosa, o psicodrama pode ser visto, também, como um rito moderno que, localizado na consciência lógica, propõe a seus participantes um pro-

---

5. Mónica Zuretti, aulas teóricas das Oficinas de Psicodrama do Instituto de Psicodrama de Buenos Aires, 1979.

cesso de compreensão para a mudança do desconhecido para conhecido.

Para isso, o grupo psicodramático é apresentado, à maneira de uma microssociedade, como um novo continente de propriedade e de referência, disposto de uma forma solidária e cooperativa para o trabalho terapêutico. O grupo todo participa desse rito.

Desde o cenário, cada integrante, já no papel de protagonista, de ego-auxiliar ou simplesmente situado na caixa de ressonância como observador, participa dos choques e dos encontros que o trabalho terapêutico e a representação psicodramática provocam.

Como naqueles velhos ritos da Antiguidade, o cenário psicodramático passa a ser o *locus* onde se produzem os acontecimentos para a ação terapêutica no processo comum de transformação individual e comunitária. Essas transformações ocorrem no processo posto em andamento que integra a trama de interações da pequena comunidade psicodramática.

Esse átomo social vincular, dinamicamente estruturado, oferece a todos os seus integrantes três contextos que devem permanecer diferenciados em prol da clareza e do ordenamento metodológico do trabalho terapêutico. São eles: o contexto social, o contexto grupal e o contexto dramático.

Nesses contextos desenvolvem-se as ações que devem apontar para a obtenção das transformações terapêuticas. Mas, fundamentalmente, é no contexto dramático que os trabalhos desembocam em compreensões daquelas imagens e figuras desconhecidas, que, mediante a tarefa comum, irão se transformando em imagens e figuras conhecidas. Essas imagens e figuras, impregnadas de climas emocionais de afetos e valores ainda obscuros, poderão, então, transfigurar-se em imagens e figuras-símbolos iluminadas e reinseridas na estrutura da comunicação.

Como vemos, esse rito moderno é a proposta de uma nova matriz de compreensão localizada na consciência lógica.

É nesse enquadramento que a representação dramática lança a sua principal potencialidade operativa, permitindo um trabalho permanente de esclarecimentos que se mobiliza desde o nível do imaginário até o nível do real para chegar ao nível simbólico, que reilumina a realidade.

No trabalho psicodramático opera-se concomitantemente, e com implicações mútuas, em duas vertentes de comunicação.

Segundo a terminologia de Jorge Saurí,[6] é uma tarefa que extrai simultaneamente dois tipos de interpretações: um discurso próprio do *logos* e um discurso do corpo. Ambos os códigos estão diri-

---

6. Jorge Saurí, *Historia de las Ideas Psiquiátricas*, Buenos Aires, Lohlé, 1969.

gidos para a comunicação, tanto do indivíduo consigo mesmo quanto com os demais.

Por um lado, como em toda terapia, apela-se aqui para a função mitopoiética do homem, para sua capacidade ilusória. Por meio dela, mediante o trabalho com o imaginário, aponta-se para a produção do *logos*, a palavra-símbolo, o verbo, o ato básico de comunicação e de compreensão que é humano por excelência.

Mas, além disso, apela-se da mesma forma para a *mimesis*, outra capacidade que o indivíduo possui como função essencial. Pela atuação específica do psicodrama, que aponta para essa função na produção de gestos, movimentos e figuras-símbolos, busca-se a possibilidade de uma comunicação corporal e facilitam-se os encontros.

Se considerarmos que as cenas condicionantes que deixaram vestígios no ser por algum desencontro traumático muitas vezes ocorreram antes da aquisição da palavra na criança, veremos como é importante essa vertente do trabalho, específica do psicodrama.

As investigações dramáticas tentadas na vertente motivadora do método rastreiam os modos de ser de cada protagonista.

O sintoma, ou simplesmente um ato que nos evidencie um papel não espontâneo, pode ser o fio condutor para um aspecto truncado ou detido do processo de individuação do protagonista, ou de algum outro momento de sua existência.

Essa parada delata, em geral, que a fixação peculiar do papel, ocorrida no momento de seu surgimento, foi condicionada por alguma cena dramática, e é essa figura que teremos que reeditar dramaticamente uma vez detectada a cena nuclear conflitiva. Teremos, então, a possibilidade de oferecer ao protagonista as propostas dramáticas resolutivas.

Durante o acontecimento da cena nuclear surgida, é no cenário que se pode oferecer ao protagonista a nova matriz para a mudança.

Esta é a essência do trabalho psicodramático, e nesse sentido devemos trabalhar na vertente motivadora do método. Mas precisamos lembrar que os modos de ser de um indivíduo nunca são puros. Sempre demostram a complexidade única e a originalidade de cada um, porque sua sucessão biográfica foi única e original. Por isso, devem ser consideradas e compreendidas com todo o cuidado e com a mesma originalidade.

Os modos de ser que classicamente se categorizam como psicóticos, psicopáticos ou neuróticos aparecem, através da compreensão psicodramática, como meros aspectos do eu ancorados a diferentes modos de ser em diferentes fases evolutivas da infância.

Esses modos de ser são sempre mistos, pois um indivíduo que sofreu em seu processo de desenvolvimento terá sempre uma série escalonada de não resoluções situadas em diferentes níveis de seu desenvolvimento infantil. Além disso, a essa série foram se agregando aqueles modos de ser que em geral se alienam no cotidiano ou permanecem não resolvidos diante de determinados limiares das crises existenciais, ou seja, o que já foi ocorrendo em plena matriz social.

Para cada um desses papéis, que ficaram cristalizados na ausência de espontaneidade, terá de ser oferecida também uma nova matriz resolutiva. Esse deve ser o trabalho constante durante o longo processo de transformação psicodramática.

É uma tarefa que exige constantes cuidados e o compromisso de todo o grupo, assim como grande esforço de cada protagonista, além de uma boa dose de criatividade técnica por parte de quem os auxilia.

DOIS EXEMPLOS SIGNIFICATIVOS

Veremos agora dois exemplos clínicos de produção psicodramática de *cenas nucleares conflitivas*.

Uma paciente de 29 anos, que chamaremos de Olga, começa a explorar dramaticamente, na sessão grupal, um sonho que teve na noite anterior. Seu estado de ânimo ao acordar, e que exibiu ao evocá-lo, era de absoluta perplexidade.

O assombro é uma condição de ânimo que, em minha opinião, jamais deveria ser subestimado no trabalho terapêutico.

Na ocasião, a própria Olga estava absolutamente convencida de que seu sonho devia portar uma mensagem importante e queria extraí-la dramaticamente.

Olga, pessoa muito inteligente e extremamente capaz em sua profissão, é professora do ensino elementar, solteira e virgem. Mora com os pais, é a primogênita e tem uma única irmã mais moça, já casada e com dois filhos pequenos.

Ela confessa estar secretamente apaixonada. O objeto do desejo aparece em suas fantasias como algo impossível. Trata-se do médico de família, que assiste seu pai, afetado por uma cardiopatia leve.

Olga conhece a mulher e os filhos do jovem médico e, segundo sua própria escala de valores, acha que jamais se atreveria a lhe revelar o seu amor nem promover qualquer estímulo que pudesse ser interpretado como tentativa de seduzi-lo. Ela se encarrega muito bem de controlar tais *emissões*.

O vínculo mais importante que Olga tinha conseguido com um homem até aquele momento de sua vida fora uma relação amistosa. Algo carinhoso e platônico que aconteceu com um rapaz que estava circunstancialmente visitando Buenos Aires.

A primeira infância de Olga ocorreu, em sua maior parte, na região do delta do rio da Prata. Sua família possuía ali, há algumas gerações, uma pequena propriedade.

Até o momento do processo terapêutico, a maioria dos sonhos de Olga reiterava um *leitmotiv*: cenas em águas turbulentas, tempestades e lanchas prestes a soçobrar no rio revolto.

Algumas dessas imagens, como a lancha navegando com dificuldade pelo rio, podem ser encaradas como significantes muito apreciados para inferências terapêuticas que apontam para a elucidação daqueles conflitos e crises de escolha predominantes, quando um projeto de vida não foi concretizado em seu mandato profundo e ficou detido.

O sonho que Olga levava àquela sessão distinguia-se de seus materiais oníricos anteriores. A protagonista via-se reclinada sobre a grama de uma pequena ilha banhada pelo sol. Ao seu lado, um jovem muito atraente manifestava uma atitude amorosa para com ela e a acariciava com ternura. Isso a agradava profundamente.

Um pouco mais adiante, à margem do cenário, sua irmã estava presente, mas isso não parecia interferir na cena de amor.

De repente, Olga sentiu que uma carícia do rapaz roçava sua virilha e, subitamente, entrou em pânico. Com as mãos crispadas bloqueou a mão daquele que tanto a assustava.

Na segunda subestrutura onírica, a cena, aparentemente carente da tônica afetiva que a coloria, centralizava-se no que antes havia sido a periferia. A irmã de Olga e o jovem relacionavam-se sexualmente.

A paciente acordou do sonho perplexa, com uma idéia que a embargava e que expressou em plena vigília: *"Ela pode e eu não posso"*.

Iniciamos no cenário a etapa do aquecimento específico com preparação dramática para a exploração onírica, o que nos foi conduzindo a uma seqüência de cenas que permitiram concretizar os sintomas fóbicos.

A partir dos sintomas, pudemos chegar aos papéis que ali desempenhavam seus antagonismos específicos.

No processo de aquecimento acionado durante o trabalho dramático, foram se revelando e diferenciando as emoções contidas no *pathos* profundo que até aquele momento haviam sido negadas e reprimidas, deixando todo o campo ao domínio único do pânico aniquilador.

Desse modo, Olga pôde ir se acalmando para libertar sua marca *mnêmica*.

Surgiu com toda a sua veemência dramática a imagem da *cena nuclear conflitiva*. A protagonista conseguiu situar-se vivencialmente *in illo tempore*, nos seus três anos de idade.

O pai, enfurecido, num ato incrivelmente patético, matava a pequena cadela de Olga, atirando-a à cisterna de um barco semi-afundado no rio.

A cadela, que estava no cio, havia cometido o *pecado sexual* e estava prenha.

A mãe de Olga, no desenrolar dessa cena, permanecia *indiferente* e *passiva*, sem dar importância às solicitações e às súplicas desesperadas de Olga.

Vejamos outro exemplo: uma integrante de um grupo psicodramático começa a falar no início de uma sessão habitual. Relata algo que acaba de lhe ocorrer.

Ana, assim a chamaremos, estava no quinto mês de gravidez e muito feliz com a gestação, que considerava um verdadeiro presente para si mesma e também para seu parceiro.

Sentia-se feliz com o vínculo matrimonial do qual nasceria o bebê. Ao falar nele, dizia em geral "nosso bebê", enfatizando o adjetivo possessivo plural.

Pela manhã, Ana estava em casa passando algumas roupas quando, de repente, viu um inseto que provavelmente entrara pela janela. O fato é que ele ficou à vista, no chão, a poucos passos dela. Isso bastou para paralisá-la por um bom tempo. Seu medo estava centrado na idéia de que o inseto pulasse nela. Com grande esforço e dispêndio de energia, depois de muito tempo, conseguiu lutar contra a fobia e se aproximar do telefone (sempre sem tirar o olhar controlador do inseto) para se comunicar com o marido e pedir ajuda. Ela saiu com dificuldade do apartamento para encontrá-lo numa confeitaria próxima ao trabalho dele. Só concordou em voltar com ele. Juntos, descobriram que se tratava de um grilo. Mesmo assim, Ana não conseguiu se tranqüilizar enquanto o inseto não foi definitivamente removido.

Começamos a representar a ação que Ana nos contava e, a partir das chaves dramáticas que nos ia oferecendo, fomos construindo um programa que explorava épocas diferentes, até chegar à produção da *cena nuclear conflitiva* situada por Ana em seus quatro anos de idade.

Nessa representação dramática, a protagonista reconstruiu uma cena em que a mãe desempenhava o papel de uma personagem brutal e, castigando-a duramente, exigia que ela vencesse o medo que a paralisava.

Nessa ocasião, houve uma praga de gafanhotos em Buenos Aires. O pátio e o corredor da casa de sua infância estavam completamente tomados pelos insetos.

A pequena Ana, que segundo a imposição materna devia ser uma "mulher forte", teria de percorrer o trajeto de todas as manhãs para comprar o leite no comércio local.

O pai de Ana, que acorreu aos seus gritos, era um fraco defensor diante da mãe veemente, e não soube se opor ou mesmo acompanhá-la. Desapareceu na oficina situada no quarto dos fundos e enterrou-se em sua tarefa habitual.

Desse modo, Ana viu-se absolutamente abandonada e teve de andar sozinha, passo a passo, sobre o tapete verde que, repugnantemente, ia-se prendendo ao seu corpo e cobrindo-o todo.

Foi a partir do trabalho efetuado sobre essa representação que Ana conseguiu abrir novas linhas de exploração psicodramática e, finalmente, chegar a diferentes integrações resolutivas no processo terapêutico. Uma vez elucidada sua *cena nuclear conflitiva*, pôde tomar consciência, em seu processo posterior, de como a maternidade ainda estava fixada, em grande extensão, numa tentativa substitutiva e reparadora da própria infância brutalmente perdida.

Compreendeu, também, como seu marido estava transferencialmente sobrecarregado do papel complementar que, naquela cena, o ego-auxiliar natural paterno não pôde ou não soube proporcionar-lhe.

Além disso, ficou evidente que a palavra "nosso" não significava ainda compartilhar e coexistir com o outro de maneira autêntica, mas estava sobrecarregada pela própria necessidade dela de uma cooperação reiteradora e controladora. Tratava-se de uma obscura exigência em relação ao *nós* do casal; de uma tentativa de se opor reativamente àquela brutal carência da presença paterna no passado, que evitou o choque necessário entre as velhas figuras familiares de seu drama biográfico; um *choque* que, se houvesse ocorrido entre os egos-auxiliares naturais, teria permitido o antagonismo e o elemento secundário necessários a um verdadeiro encontro de segurança ontológica.

Somente com o aparecimento da criança ferida, que continuava viva dentro dela sob a estrutura da personagem de "adulto forte", na qual ela se cristalizara e que cerceara sua infância aos quatro anos de idade, Ana pôde começar a sair em busca de todas essas compreensões integradoras e superar suas buscas substitutivas obscuras.

Do mesmo modo, no exemplo anterior, Olga pôde começar a resolver a fixação de sua castração.

O QUE É UM PROGRAMA PSICODRAMÁTICO?

Em nossa escola, chamamos de *programa psicodramático* o conjunto seqüencial de cenas, ações e técnicas que o diretor planeja e desenvolve com seu protagonista durante a etapa das dramatizações e na tentativa de cumprir um objetivo terapêutico.

Façamos agora algumas reflexões em torno da própria função de um diretor no psicodrama.

Em primeiro lugar, é importante precisar que o papel de diretor nada mais é que o de mero instrumento do método.

Recordemos que Moreno, em suas explicitações teóricas, falava dos cinco instrumentos do psicodrama: o grupo, o cenário, o protagonista, os egos-auxiliares e o diretor. Chamou de diretor ao instrumento, provavelmente seguindo o costume da função teatral que havia desempenhado em sua primeira etapa vienense; mas nunca teve a menor intenção de hierarquizá-lo.

Hoje em dia, alguns psicodramatistas preferem denominá-lo *coordenador* ou *facilitador*.

Acredito que essa questão deva estar muito presente para não se incorrer no erro de superdimensionar a importância da tarefa.

Ser instrumento de um método é representar, com a modéstia necessária, o papel correspondente, pondo-se a serviço de um processo complexo que se desenvolve permanentemente na rede de interações grupais e na intimidade de cada um dos participantes do grupo que foi confiado a nossa experiência profissional.

Formar-se como psicodramatista significa, no sentido estrito, preparar-se para encarar, de forma comprometida, o desafio de tais processos em que os papéis, inclusive o de diretor, vão ser instrumentalizados para o objetivo terapêutico.

O objetivo que se busca no psicodrama é a obtenção dos fenômenos de *catarse de integração*, que analisaremos da forma mais exaustiva possível num segmento posterior.

Por ser este objetivo, em si mesmo, um ato básico em que se comprometem as fontes profundas da liberdade e da espontaneidade de um indivíduo, ele deve ser realizado principalmente pelo próprio protagonista.

Nunca é o diretor que vai "curar" o protagonista, mas é ele mesmo quem vai se libertar durante o processo.

Visto isso, a função de um diretor de psicodrama no trabalho programático deverá tender, sistematicamente, a facilitar os atos e os processos que permitam ao protagonista libertar-se dos velhos papéis fixados a antigos modos de ser de suas matrizes anteriores, de modo a adquirir novas condutas.

Vamos nos referir agora a essa função facilitadora, e para isso nos deteremos no modo de operar de um diretor de psicodrama.

Em nossa escola denominamos programa psicodramático (PPd) o trabalho específico de um diretor durante a etapa dramática de uma sessão.

No cenário, o diretor constrói e executa com seu protagonista um conjunto seqüencial de cenas.

Assim sendo, para se operar metodologicamente no PPd é preciso ao menos ter bem claro por que e para que se opera. Como em qualquer outro método, a clareza dos fundamentos conceituais e dos objetivos é a única coisa que poderá indicar como, onde e quando, fatores que, em conjunto, constituem os aspectos operacionais do próprio método.

Quanto aos fundamentos conceituais, podemos convir que tudo o que constitui nossa bagagem teórica em constante sistematização, abertura e revisão nos é útil para trabalhar em psicodrama, e de alguma maneira devemos fazê-la confluir como base para a nossa tarefa. Foi isso que Pichon Rivière denominou *esquema conceitual referencial operativo*.

Entretanto, é importante lembrar que alguns aspectos desses fundamentos devem ser constantemente aprofundados de maneira específica, na metodologia psicodramática, se quisermos trabalhar coerentemente com a proposta moreniana. Refiro-me particularmente a:

a) Conhecer a teoria dos papéis e dos vínculos, que já foi bastante estudada, mas ainda exige maiores investigações.

b) Possuir as bases conceituais dos modelos do processo de identidade, vistos pela ótica psicodramática. Esse aspecto teórico foi claramente esboçado na teoria moreniana, mas é um trabalho que deve ser ampliado.

c) Estruturar uma antropologia que sustente a compreensão dos diferentes modos de ser próprios do homem, a partir de uma visão psicodramática abrangente. Essa antropologia deve ser enriquecida com novas e constantes contribuições.

d) Aprofundar uma teoria da dramaturgia e de suas leis, assim como o conhecimento, o mais aperfeiçoado possível, da representação dramática. Tudo isso vai nos permitir aumentar e treinar constantemente nossa capacidade de pensar em cenas. Na primeira parte desta publicação, tentou-se realizar alguma contribuição nesse sentido.

e) Investigar constantemente a dinâmica do grupo e a sociometria.

Os objetivos, como já dissemos, referem-se à obtenção dos fenômenos da catarse de integração.

Nesse caminho, o psicodrama, em sua vertente de busca motivadora, deverá se colocar a serviço do rastreamento sistemático dos impedimentos no desenvolvimento de um indivíduo, extraindo seus sintomas ou seus papéis não espontâneos.

A investigação deverá desembocar nas próprias matrizes em que os papéis se fixaram, seja em um passado mediato ou imediato.

Por exemplo: uma disputa não resolvida ou uma escolha não autêntica podem ser cenas nucleares conflitivas que funcionam também como entrave, perturbando o desdobramento existencial de um ser humano.

Já sabemos a importância de se explorar também a matriz social e o *aqui e agora* de um indivíduo, e que no conjunto se referem unicamente à sua matriz de identidade ou à sua matriz familiar.

Todo aspecto truncado de um indivíduo incide sempre em alguma de suas reais possibilidades de relacionamento.

O psicodrama, por ser um método que aponta especificamente para as operações com os papéis, as interações e os vínculos, visa justamente considerar essas possibilidades de relacionamento para esclarecer o que as cerceiam.

O relacionamento do homem consigo mesmo, com os outros e com as coisas, e seu relacionamento com a própria capacidade de transformação são a fonte humana de transcendência de onde brota a longa série de integrações que aguardam um homem na vida; ou seja, o que sempre deveremos ajudar a esclarecer.

Se aceitarmos a proposta de Moreno, para quem todo ser humano traz em si a possibilidade de reencontrar um caminho que em algum aspecto foi truncado, nossa tarefa no psicodrama será oferecer um modo de operar como proposta metodológica para seus reencontros.

A busca metodológica dos atos catárticos integrativos define se alguém está operando psicodramaticamente ou se, ao contrário, só está utilizando técnicas psicodramáticas com um fim terapêutico dentro de outros enquadramentos que, certamente, também serão válidos (isso não está em discussão) sempre e quando as técnicas forem empregadas coerentemente no campo referencial em que se decidiu operar.

Se um fenômeno de catarse de integração não é obtido, devemos pensar que talvez estejamos diante de um erro de condução.

Isso nos levará a revisar o programa.

Nesses casos, muitas vezes descobriremos um processo de aquecimento que foi trabalhado incorretamente, um defeito de acomodação, alguma chave dramática que deixamos escapar ou que não percebemos, um contrato dramático que não respeitamos ou alguma inadequação com respeito ao tempo interno do protagonista.

Outras vezes, se o erro realmente não for nosso, estaremos diante de um estado de retrocesso.

Esse não-ato, entretanto, pode ser capitalizado também a partir do papel do diretor para uma nova *diagnose* psicodramática. O avanço na compreensão terapêutica, a que chamamos de "diagnose", nos oferecerá um novo estímulo para uma hipótese diferente que nos permitirá preparar outras propostas dramáticas; tudo isso ocorrerá sempre na tentativa de fazer com que nosso protagonista tenda a elucidar ele próprio o que está se passando com ele.

Estamos vendo, portanto, que durante o psicodrama vão ocorrendo concomitantemente duas linhas paralelas de intencionalidades.

Por um lado, um processo elaborativo profundo, que se mobiliza na intimidade do protagonista. Esse processo possibilitará, com o aquecimento adequado, a série de evidências dramáticas que podem conduzir ao ato de compreensão totalizadora a que chamamos de *catarse de integração*.

Mas, por outro lado, paralelamente dá-se também um processo no diretor, que, aquecendo-se junto com o protagonista, se coloca a serviço dele e o acompanha dramaticamente. Desse modo, o diretor pode estar atento a todas as chaves dramáticas que surjam na própria ação. Trabalhará na constante elaboração de hipóteses, as quais irá propondo dramaticamente para confirmá-las ou desprezá-las na própria ação.

Um diretor que seja verdadeiramente facilitador, deverá sempre se colocar numa atitude de abertura, que favoreça a compreensão terapêutica de seu protagonista no desdobramento e nos retrocessos, no constante movimento de fluxo e refluxo que caracteriza esse tipo de trabalho.

Após essas reflexões, vamos agora nos centralizar no tema fundamental deste segmento: o programa psicodramático, que inclui a função do diretor de psicodrama e o seu modo de operar durante a etapa da dramatização no trabalho com o protagonista.

Já dissemos que o programa é semelhante a uma montagem estratégica e tática de todas as ações, cenas e técnicas que o diretor planeja e desenvolve com o protagonista. Dito isso, insistimos em que o psicodrama é, fundamentalmente, uma atividade temporal-espacial.

Por isso, em primeiro lugar, devemos considerar que todo programa psicodramático opera principalmente nessas dimensões.

Cada vez que falamos do espacial, em psicodrama, devemos levar em conta que, na cena psicodramática, tudo o que acontece no espaço cênico aponta também para a espacialidade íntima do nosso protagonista. Todo espaço reconstruído no cenário corresponde ao espaço peculiar que se movimenta na intimidade dele.

Isso quer dizer que todo clima, estado de ânimo ou papel que em uma vertente aponta para o mundo ou macrocosmo, aponta também para um clima, um estado de ânimo ou um papel do mundo íntimo ou do microcosmo do protagonista.

A interpretação do acima ou abaixo, do adiante ou atrás, do grande ou pequeno, do estreito ou largo é, durante o desenvolvimento das cenas, a chave que nos indicará a espacialidade íntima de nosso protagonista, manifestada por intermédio do imaginário.

Todo papel posto "para fora" no espaço do *como se* indica-nos, além disso, um conjunto de papéis que correspondem a algum aspecto de nosso protagonista, que em geral permanece oculto na intimidade de seu eu.

Por isso, é muito importante que durante a etapa de aquecimento específico nos dediquemos detalhadamente ao que chamamos de preparação dramática.

Concretizar com ele o espaço, situar a cena, construir imaginariamente sua ambientação como se fosse uma verdadeira cenografia, reparar em todos os detalhes que nos permitem detectar com grande riqueza suas características, tudo isso significa apontar para essa espacialidade íntima a que nos referimos. Os dados recolhidos no trabalho da situação espacial da cena podem ser as principais chaves para nosso programa posterior, que será tentar operar algum efeito nessa intimidade.

Por tudo isso, o diretor deve seguir pacientemente seu protagonista nos trabalhos de ambientação. Às vezes até deve perguntar, energicamente: "O que há aqui?"; "Esta porta está aberta ou fechada?"; "Ela tem chave?"; "Que coisas chamam a sua atenção?"; "Há algum objeto que você goste?"; "Consegue reparar especialmente em alguma coisa?"; "Como está iluminado esse ambiente ao qual nos transportamos agora?"; "Você falará daí, ou prefere colocar-se em um plano mais elevado para dizer a eles o que quer?" etc.

Esta é a preparação para trabalhar com o espaço, sabendo que dessa maneira penetraremos na espacialidade profunda de nosso protagonista.

Do mesmo modo que operamos com o espaço, no PPd devemos trabalhar com o tempo.

Nesse sentido, é preciso levar em conta também que o tempo

cronológico ou biográfico aponta intimamente para a temporalidade[7] do nosso protagonista.

Aludo à temporalidade no sentido de, às vezes, o presente, este que estou vivendo agora, não ser, para mim, verdadeiramente um presente mas estar impregnado de alguma cena do passado que atraio para a atualidade em que vivo. Outras vezes, o presente, por estar paralisado pela expectativa, encontra-se, pela minha fantasia, imaginariamente impregnado de futuro. Eu o cristalizei num pré-futuro para que não possa ser meu presente. Por isso fiz com que desaparecesse, em função desse futuro que, para mim, está presente hoje e que não me atrevo a encarar como pura possibilidade e puro risco ou puro nada, porque ele me aterroriza, e eu o evito. Então, para fugir dessa ansiedade, necessito vivê-lo prévia e ilusoriamente como presente, para fazer com que ele irrompa neste meu *aqui e agora*, do qual eu desalojo sua possibilidade de se tornar verdadeiro presente.[8]

É fundamentalmente a estes "tempos" e também a estas não resoluções que devemos nos dirigir quando trabalhamos em psicodrama.

Trabalhar com os tempos biográficos, por meio do PPd, é possibilitar ao protagonista a revivência no cenário de cada um de seus "tempos", na momentânea "atemporalidade" do imaginário, para que possa ir transformando essas representações de biografia, ainda funcionando como resíduos ancorados, numa história verdadeira passível de ser assumida, condição *sine qua non* para que ele viva o presente em sua verdadeira dimensão.

Com o PPd, o diretor coopera com seu protagonista para acelerar o processo facilitado por esses achados.

Por tudo isso, um PPd parte às vezes do presente e, através de uma cena concreta, mergulha, em seguida, em cenas retrospectivas, às vezes propondo a passagem para a exploração de cenas prospectivas.

Essa montagem, que é a tarefa de um diretor, começa quase sempre a partir do presente, vai para o passado, limpa o entulho imediato ou mediato e chega, às vezes, a um passado remoto, tentando resolvê-lo ali; finalmente volta ao presente para encerrar o processo.

Como vemos, para que essas seqüências sejam sustentadas, um diretor deve saber por que propõe tais passagens temporárias.

Sempre que estivermos oferecendo o caminho de uma seqüência ou montagem de cenas, devemos levar em conta o que se explora em

---

7. Martin Heidegger, *El Ser y el Tiempo*, México, FCE, 1951.
8. Jean-Paul Sartre, *El Ser y la Nada*, Buenos Aires, Ibero-Americana, 1961.

cada um dos tempos que vamos propor. Nesse sentido, os trabalhos de Minkowski[9] são valiosíssimos.

A exploração do presente é o mergulho no *aqui e agora*. Neste tempo, a ação tenta fundamentalmente esclarecer e compreender a escolha e suas dificuldades.

É bom lembrar que um dos requisitos fundamentais, através dos quais se selou um contrato psicodramático entre o diretor e seu protagonista, é que este aceite que é sua a dificuldade. E foi por causa dessa dificuldade que ele requereu ajuda. Em geral, pela escolha não resolvida, há algo que ele não pode viver ou não pode integrar. A partir da sua dificuldade, saímos do presente e partimos em busca do que ali está montado como resíduo ancorado; mas, finalmente, para cumprirmos o contrato, devemos culminar, uma vez esgotada a cena nuclear conflitiva, na catarse de integração do presente, para que se produza a compreensão e sua integração eletiva. Isso, em psicodrama, é cumprir o contrato.

Como já dissemos reiteradas vezes, nas cenas retrospectivas efetua-se a busca de cenas nucleares conflitivas.

Essa é a vertente da psicologia das motivações no psicodrama. Através das cenas, explora-se dramaticamente o condicionamento dos modos de ser do protagonista.

Podemos, nessa vertente, mergulhar em três períodos do passado biográfico: o passado imediato, o passado mediato e o passado remoto.

Nas cenas retrospectivas que apontam para o passado imediato busca-se a compreensão do tempo *em si*, no sentido sartriano. Ou seja, o passado como algo totalmente terminado.

Muitas vezes, é difícil para o protagonista compreender que o passado mediato ou remoto está totalmente terminado.

Ele pode estar buscando de maneira fantasiosa reeditá-lo mediante mecanismos de negação ou de repressão que o conduziram a obscuros projetos de substituição.

É mais fácil para o protagonista compreender o irremediável *em si* no mergulho ao passado imediato.

Se alguém chegou tarde demais para uma escolha, imediatamente percebe que, por não realizar a escolha, perdeu irremediavelmente alguma coisa.

Se algo caiu da minha mão e se quebrou, tenho uma evidência imediata do irreparável e sei que, mesmo que quisesse, não poderia voltar atrás no tempo; é algo que se quebrou e ficou totalmente cristalizado.

---

9. E. Minkowski, *El Tiempo Vivido*, México, FCE, 1973.

Quando o diretor consegue limpar o entulho do passado imediato ou do remoto tem, às vezes, que voltar ao passado imediato, porque é nele que o protagonista vai se convencer de que o passado está contundentemente terminado.

Nas cenas retrospectivas que exploram o passado mediato busca-se particularmente a compreensão do tempo do que foi perdido, do que não foi adquirido ou não foi escolhido.

Esse é o tempo do remorso e da culpa.

Nessas cenas, pode-se apontar para a exploração e para a compreensão que permitem chegar ao limite entre os sentimentos não autênticos de culpa e a culpa autêntica.

Geralmente, sob as cenas nucleares estão subjacentes outras cenas do tempo remoto que continuam atuando como resíduos mais arcaicos e profundos. Por isso, o trabalho das seqüências deve partir de uma estratégia direta que progrida retrospectivamente, camada por camada.

São nas cenas do passado mediato que se devem resolver esses sentimentos não autênticos de culpa, para que o protagonista possa assumir, por fim, sua culpa autêntica. A verdadeira culpa muitas vezes vem do fato de a pessoa não ser ela mesma, segundo suas próprias possibilidades, e seguir a realidade que lhe cabe viver. Por não conseguir isso, a verdadeira culpa pode continuar mascarada. Quando não se desvenda esse emaranhado, é difícil para o protagonista partir para uma conduta de responsabilidade, desenvolvimento e liberdade.

As cenas retrospectivas que apontam para o passado remoto tentam explorar as cenas nucleares conflitivas mais antigas, assim como a exploração das matrizes nas quais se cristalizam essas imagens traumáticas.

O tempo do passado remoto é o tempo do esquecimento em geral; nesse sentido, é importante assinalar que, para se erguer o véu defensivo do esquecimento em nosso protagonista, é sempre necessário um processo adequado de aquecimento.

Seja como for, é muito difícil chegar psicodramaticamente aos níveis mais profundos, como, por exemplo, o da *matriz de identidade* em sua fase total indiferenciada.

Recordemos que, pelas características de absoluto sincretismo próprias dessa fase, ainda não havia na criança nenhum aspecto do eu que tivesse a possibilidade de funcionar como observador. A impossibilidade de registro dificulta o resgate dos acontecimentos ocorridos nesse nível.

Por isso, é praticamente impossível que possam surgir como

imagens para a intencionalidade da consciência de um ato psicodramático.

O que é possível, às vezes, é o resgate de algum resíduo constituído por meros climas afetivos; raramente isso ocorre através de imagens.

Também é extremamente difícil encontrar uma cena nuclear conflitiva que remeta ao nível do acontecido na fase mágica da *matriz de identidade* (fase de diferenciação).

Ao contrário, nas explorações do passado remoto são muito mais freqüentes as imagens que afloram a partir dos níveis que correspondem à *matriz familiar,* tanto em sua fase mítica, cuja ordenação axiológica mostra a estrutura típica de seus valores absolutos e não questionados, quanto em sua fase ideológica, cuja ordenação já evidencia um movimento dialético a partir das consonâncias e das oposições dissonantes dos valores que estão em jogo.

Trabalhar com essas cenas do passado remoto significa apontar precisamente para a possibilidade de se compreender tais ordenações; é esclarecer de que maneira essas estruturas axiológicas ainda vigoram no protagonista de modo que possam ser colocadas em crise e reordenadas no átomo real de sua atual *matriz social.*

Em algum PPd também pode ser necessária a exploração pelo trabalho com cenas prospectivas.

Cada vez que trabalhamos com cenas que, mediante o imaginário, apontam para a investigação dos diferentes aspectos futuros da temporalidade, devemos ter consciência de que, em primeiro lugar, nos propomos a operar na vertente psicodramática que leva em conta os objetivos e os projetos do nosso protagonista.

É importante marcar posição com respeito a isso, pois existem escolas psicodramáticas que estão em desacordo teórico com essas explorações.

Acreditamos que a investigação prospectiva pode ser extremamente útil em alguns programas psicodramáticos e por isso a efetuamos com a seguinte sistematização:

As cenas prospectivas podem apontar para um futuro imediato, um futuro mediato ou um futuro remoto, e para esses três tempos, mais uma vez, os estudos de Minkowski são uma preciosa ajuda.

Nas cenas do futuro imediato, buscamos em nosso protagonista a possibilidade de esclarecimento do seu desejo, para o qual ele se inclina e já projeta sua ação. Por isso, ao colocar psicodramaticamente essas ações, podemos investigar as possibilidades e os riscos ligados ao desejo que o move e o motiva.

Nas cenas prospectivas que apontam para o futuro mediato deve-se levar em conta que este é o tempo em que se situam os resultados da atualização do projeto em curso. É o tempo das possibilidades do indivíduo. Nessas cenas serão exploradas as expectativas e o freio impostos pelo próprio indivíduo que deseja ir atrás de algo.

Por último, nas cenas prospectivas que apontam para o futuro mais remoto, é importante considerar que este é o momento das ações éticas. A exploração dessas prospectivas tende, portanto, à morte e à transcendência do homem ou a sua "nulidade", e à maneira como o protagonista se situa em relação à própria finitude. As cenas do futuro remoto são as que habitualmente mobilizam a angústia trágica, tanto no protagonista quanto no grupo. Por meio delas, ele pode ser enfrentado com o sentido de sua própria existência e os impedimentos que suas mortes interiores representam, quando o nada que nele está instalado como um *em si* congela alguns de seus aspectos vitais; quando, apesar das potencialidades que o impulsionam, ele ainda não se atreve a se lançar. Esses aspectos podem ser mobilizados pelas explorações situadas no futuro remoto.

A visão da própria morte, quando ela é encarada não só como uma idéia de fim físico, mas como um verdadeiro acontecimento, um ato vivenciado, dramaticamente pode ser muito útil para se conseguir um salto catártico de integração que abale as não resoluções.

Desse modo, vimos como se trabalha tanto com o espaço e com o tempo nos programas psicodramáticos, e para onde devem apontar suas explorações.

Seria mister discorrer agora a respeito das técnicas do duplo, do espelho e da inversão de papéis, pois cada uma delas aponta especificamente para um momento determinado do processo evolutivo infantil. Por isso, elas devem ser utilizadas para se obter os limites precisos e os esclarecimentos da temporalidade-espacialidade comprometida de nosso protagonista durante a passagem psicodramática pelas diferentes matrizes e os diferentes limiares no processo terapêutico de libertação.

Recordemo-nos de que a técnica do duplo aponta em especial para a fase indiferenciada da matriz de identidade; que a técnica do espelho aponta principalmente para o limiar entre a fase indiferenciada e a fase diferenciada da mesma matriz. Por outro lado, a técnica da inversão de papéis abrange desde a matriz de identidade até a matriz familiar, operando também com as duas fases desta última, para em seguida continuar atuando em plena matriz social.

Entretanto, é importante considerar que, apesar dessas especificidades, às vezes torna-se necessário utilizar essas técnicas nas explorações de outros tempos do processo evolutivo que se está investigando.

Para colocar um ponto final neste segmento dedicado ao modo

de se operar no psicodrama, parece-me importante resumir quais devem ser, em minha opinião, as qualidades de um PPd para que o papel de um diretor de psicodrama seja eficaz. Ele deve:

a) ser coerente com as bases conceituais em que se fundamenta;

b) estar adequadamente ajustado ao método psicodramático;

c) apontar para o confronto constante dos sentimentos, dos valores e dos papéis, para ser um mediador dialético no ato de compreensão catártica pretendido;

d) ser o produtor de uma condição ideodramática: na atitude de diretor, de instrumento, o que domina é sempre aquilo que vai ocorrendo no cenário; o diretor deve fazer prevalecer o que surge da própria ação e não se fixar em qualquer de suas hipóteses de trabalho, por mais atraentes que possam parecer, segundo seu próprio esquema referencial.

Todo diretor deve possuir um esquema conceitual e, além disso, precisa adotar determinados modelos operacionais; caso contrário, não poderia trabalhar. Entretanto, jamais deve se obrigar à ação que está a serviço desses esquemas. Um diretor eficiente sempre disporá desses modelos para colocá-los e colocar-se a si mesmo a serviço dos acontecimentos dramáticos. Somente essa atitude poderá mantê-lo atento às chaves e às ricas nuances da ação de seu protagonista. É o único modo de facilitar o processo de uma busca comprometida, cuja tendência é culminar em catarses de integração.

Em vez disso, a mera comprovação de uma hipótese do terapeuta a que se chegou ao se obrigar a ação às últimas conseqüências em geral representa um triunfo intelectual duvidoso, que foi conseguido em detrimento do objetivo fundamental do método psicodramático, ou seja, a compreensão do protagonista e sua transformação.

O FENÔMENO DA CATARSE DE INTEGRAÇÃO

Como já vimos, o objetivo pretendido no psicodrama é obter-se o fenômeno da catarse de integração, tanto no protagonista quanto no grupo.

O ato catártico é essencialmente um ato de transformação criativa. É um ato básico, constitutivo e resolutivo, no qual o protagonista compromete e põe em jogo as fontes mais profundas de sua liberdade e espontaneidade.

Os integrantes de um grupo de psicodrama, mediante o processo colocado em andamento nessa nova matriz que o método oferece, vão se beneficiando por meio das seqüências de atos catárticos que permitem a libertação de cada um da ancoragem naqueles papéis, fixados a modos de ser do passado biográfico.

Trata-se de verdadeiros saltos. Significa sair das condutas caracterizadas pelas ordenações axiológicas do mágico, do mítico ou do ideológico, detidos e impressos nas fases do passado, para o surgimento de novos papéis e advento de um comportamento mais adulto, exigidos pela matriz social em que devem ser representados.

Toda catarse de integração é um ato psicodramático resultante de uma busca que tenta e consegue completar aspectos não resolvidos do protagonista.

Trata-se de um ato de compreensão que favorecerá a restauração desse ser em desenvolvimento acumulativo e apositivo como um indivíduo em particular na tentativa de alcançar suas máximas possibilidades.

O conceito psicodramático de *catarse* foi assim enunciado por Moreno: "Toda segunda vez, vivida dramaticamente com a mesma intensidade da primeira, libera a pessoa da primeira".

O fenômeno da catarse de integração é aqui definido, em essência, como um ato de libertação obtido pela repetição e que decorre de uma evidência dramática de sua compreensão.

Por isso, quando nos referimos à integração catártica no sentido estrito, estamos definindo-a como um ato de compreensão, ou seja, um ato básico de evidência e de desdobramento que Moreno comparou a um novo nascimento.

Um ato catártico é básico, no sentido em que, por meio de sua execução, o protagonista institui-se em um novo modo de ser e passa a adquirir uma nova atitude que, a partir de então, será adotada no mundo.

É um ato de desdobramento porque favorece o desenvolvimento espontâneo e criativo do protagonista.

E é também um ato de integração, porque pela compreensão dramática, o protagonista ganha novas percepções e assume novos papéis em seu átomo cultural, o que lhe permite reestruturar os vínculos com os papéis complementares de seu átomo social real,[10] e é is-

---

10. Mónica Zuretti, "Átomo cultural, átomo social perceptual, átomo social real y sus desarrollos em psicodrama", Instituto de Psicodrama de Buenos Aires, 1979.

to que agrega, constitutivamente, os novos aspectos de seu modo de ser, totalizando-o daí em diante.

Neste ponto, é importante insistir que muitas vezes não se pode obter um fenômeno desses em uma nem em várias sessões psicodramáticas. Os atos catárticos não devem ser entendidos como atos heróicos de mudança, mas como fenômenos de integração que têm de ser pensados, como já vimos, como uma concatenação acumulativa e apositiva de atos de evidências dramáticas, uma verdadeira cadeia, sustentada sobre a base de um processo elaborativo profundo. Assim sendo, voltando nossa reflexão para o ato em si, diremos que todo fenômeno de catarse psicodramática, para acontecer, deve se constituir de três momentos co-relacionados. Os momentos que integram todo ato de compreensão são, segundo Husserl:

1. O momento intelectual da compreensão ou simbólico
2. O momento emocional da compreensão ou catártico propriamente dito
3. O momento axiológico da compreensão ou básico

Devemos ter presente que esses três momentos do ato da compreensão não devem ser entendidos como correlatos, mas em geral como concomitantes; e não podem ser isolados, a não ser com o objetivo de explicá-los didaticamente.

Se a compreensão dramática do protagonista não se totalizar integrando os três momentos necessários, não será produzido o fenômeno a que chamamos de catarse de integração dramática.

Quero me deter um pouco neste tema, pois em geral a bibliografia especializada descreve o fenômeno de compreensão dramática considerando apenas o momento intelectual e o momento emocional, descuidando do momento axiológico.

Em psicodrama, é impossível uma tentativa de compreensão teórica do fenômeno da catarse de integração se não for levado em conta também o momento axiológico que o constitui e totaliza.

1. No momento intelectual, a imagem dramática que até então funcionava de modo obscuro, desligada da consciência do protagonista a partir de uma negação ou de uma repressão e que, por isso, permaneceu nada além de um resíduo ancorado à fixação da situação traumática, é agora iluminada pela consciência e recebe um novo sentido.

Sentido esse que transforma a imagem residual numa imagem dramática de comunicação.

A partir do momento em que a imagem é resgatada pela função intelectual, poderá funcionar como símbolo nos relacionamentos do protagonista, consigo mesmo e com os outros.

Vamos dar um exemplo: as tempestades e as águas turbulentas nos sonhos de Olga, assim como sua fobia, eram o fio condutor para a imagem dramática residual. Do sonho da ilha iluminada em diante, a cena triangular e o desafio que representa a frase pronunciada por Olga, "Ela pode, eu não posso!", a protagonista oferece-nos as chaves que tomamos como proposta dramática e contrato psicodramático. A exploração nos leva a uma cena nuclear conflitiva, própria de Olga, e nela aparece em toda a sua evidência a figura traumática: o pai furioso que castiga, a mãe indiferente, a cadelinha no cio que além de prenha foi afogada na cisterna do barco semi-afundado e ela mesma, a menina de quatro anos, totalmente aniquilada por medo, ira, dor, desejo, angústia e culpa, e totalmente identificada com seu objeto vincular, a cadela.

O sentido dado no momento intelectual ao ato de compreensão dramática permitirá a Olga introduzir essa imagem, que só agora chega à categoria de símbolo, em cada choque e encontro da realidade complementar psicodramática. Ao enfrentar todas essas personagens e todos os aspectos que elas representam, Olga poderá chegar à integração dos papéis que haviam ficado cerceados e que sua fobia sexual nada mais fazia que lhe apontar.

2. No momento emocional da compreensão, os estados de ânimo que, no presente, influenciam a situação obscura associada aos climas afetivos da cena traumática são claramente discernidos, situados e ritualizados vivencialmente na cena que está sendo explorada.

Eles emergem da obscuridade a que estavam confinados pela repressão ou negação. A protagonista toma consciência deles, que entram no campo de seu sentir. Este é usado, aqui, como consciência de uma emoção, ou seja, como o ato mediante o qual um afeto é atualizado na intencionalidade da consciência e desse modo adquire sentido.

Só assim é possível ao protagonista abarcar e discriminar a ampla gama de papéis contraditórios e de suas paixões acionadas, purgá-los e tentar uma abordagem mediadora que será a produção de valores capazes de ordenar o torvelinho e o caos afetivo.

Assim como o pensar aponta para a verdade, em um processo de constante polimento que parte das opiniões, o sentir aponta para a produção de valores que partem das emoções, na medida em que estas podem ser mediadas pelas funções de sentir e pensar, próprias da consciência. As emoções funcionam como o substrato ou a matéria-prima e os valores surgem como os *objetos* intencionais elaborados a partir desse substrato.

Nos trabalhos de Max Scheler pode-se ler um pensamento típico em que o autor afirma que, assim como a verdade é o objeto intencional do pensamento, o valor é o objeto intencional do sentimento.

No exemplo citado, durante a dramatização da cena nuclear conflitiva, Olga volta a sentir que está paralisada pelo medo, a ira, a dor, o desejo e a culpa.

Percebe de que modo todas essas paixões irrompem e tomam conta dela; mas, ao reeditar a cena *aqui e agora* no *como se* dramático, consegue sair de seu aniquilamento, manifestar todas as emoções e tomar consciência delas; consegue também reestruturar suas ações e interações a partir desses discernimentos.

Já que agora a cena é *dela*, assim como as emoções são *seus* sentimentos claros, Olga pode interagir seus papéis com os complementares de outra maneira, entrar em choque com todas as personagens da cena, com a ajuda delas esgotar o torvelinho das paixões encontradas, inverter papéis com as figuras de seus pais e, finalmente, encontrar-se e comunicar-se com elas e consigo mesma.

3. No momento axiológico da compreensão, ocorre na protagonista a produção ou o surgimento de um novo valor que nesse mesmo momento sustenta e passará a sustentar a nova conduta, o novo papel.

Para entender esse valor, devemos penetrar na dinâmica dos valores distintos.

Para Cossio,[11] há valores que funcionam de modo heterônomo (o que significa que agem na estrutura das interações humanas, na estrutura do *nós* e, portanto, pertencem ao patrimônio da cultura de um grupo). Mas, além deles, há os valores autônomos que funcionam em consonância ou em dissonância com os heterônomos, mas fazem parte da estrutura do eu.

Aos valores que funcionam na estrutura da coexistência, Cossio denomina *critérios axiológicos vigentes* de uma cultura determinada; e aos valores que atuam na estrutura da intimidade do eu, ele dá o nome de *valores positivos empíricos*.

Por exemplo, pode ser muito diferente o sentido da ordem que funciona como valor numa determinada família (critério axiológico vigente dessa família), ou o de harmonia que funciona como valor na intimidade de cada um de seus membros.

Esse sentido íntimo de harmonia, que pode ser diferente do que é dado pela família, será, para esse membro, seu valor positivo empírico.

Além disso, prosseguindo o exemplo, quando o sentido de ordem de uma família, o *critério axiológico vigente*, está em consonância

---

11. Carlos Cossio, *La Teoria Egológica del Derecho y el Concepto Jurídico de Libertad*, op. cit.

com o sentido ou valor positivo de seus membros, não ocorrerá nenhum conflito em relação àquele valor em particular.

O conflito aparece quando, no lugar da consonância, surge uma dissonância entre ambos os valores para um membro em particular, o nosso protagonista.

As dissonâncias conflitivas fazem com que o indivíduo desemboque, indefectivelmente, em três possíveis direções: na primeira, o membro dessa família reprime seu *valor positivo empírico* para escapar da dissonância conflitiva que seria criada em sua matriz. Desse modo, evita o choque entre a *tese* de seu *valor positivo empírico* que se oporia conflitivamente à *antítese* do critério axiológico vigente. Fugir do choque deixará um vazio na tese que só será preenchido por uma conduta, indiscutível, que é acatar cegamente a norma vigente.

É a isso que chamamos psicodramaticamente de *repressão*. Vejamos como ela funciona no exemplo de Olga, diante do critério axiológico: "Seja virgem ou morrerá!".

A menina cerceia a ordem de sua própria genitália. Ao contrariar essa ordem, por não poder chegar ao valor por causa da repressão, ela só aparecerá de maneira obscura, com toda a força do impulso das emoções básicas, sob a forma de um sintoma: a fobia sexual.

O *segundo caminho* a ser evitado é a negação ou mera refutação. Evitando-o, o indivíduo tenta resolver obscuramente o conflito de dissonância com sua matriz familiar com uma conduta de rebeldia. Essa é sempre uma saída reativa solipsista.

Prosseguindo com um exemplo, que de um certo modo se relaciona com o anterior, diremos que, aqui, o critério axiológico vigente "Seja virgem e pura!" é congelado e refutado, mas nada além de refutado: nenhuma *tese* axiológica se opõe a ele.

A ordem profunda da sexualidade lutará para ser cumprida, mas será negada como possibilidade no sentido de um valor.

Desse modo, a emoção básica do desejo erótico não pode ser transformada em objeto intencional.

A anulação do possível valor positivo empírico afasta toda a possibilidade de confrontação dialética no sentido hegeliano.

Negada a *tese* axiológica necessária, que pode se opor ao *critério* axiológico, nunca poderá haver mediação ou produção de um novo valor que tente promover uma mudança no átomo interacional como um todo.

O que resulta de tal negação, como vemos, também desemboca num vazio de valor.

O *critério axiológico vigente* é refutado e congelado, e o *valor positivo empírico* é negado como tal; fica, então, o impulso.

Devido a essa ausência de valor, a conduta resultante só poderá ser sustentada de uma maneira rebelde, o que em geral desemboca em atos reativos e não espontâneos.

Como exemplo, é fácil apelar para essas obscuras buscas sexuais, características dos torvelinhos reativos, nas quais predominam a promiscuidade, a irresponsabilidade e a culpa. Comparada à repressão, a rebeldia é um passo mais adiante, mas ainda não consegue ser uma mudança. Não passa de uma busca confusa que não consegue uma mudança verdadeira no sentido da liberdade.

Estas condutas ficarão impregnadas de sentimentos de culpa não autênticos. Desembocam em acontecimentos equívocos, cheios de ambigüidade e rebeldia. A partir deles, o ser, em geral, tenderá para a busca obscura de castigos infantis que abrandem tais sentimentos.

O *terceiro caminho* é o que se segue quando a dissonância é encarada verdadeiramente como conflito, não é evitada e a crise é enfrentada. O ser vai ao encontro de seu impulso e produz seu valor positivo empírico, opondo-o como *tese* ao *critério axiológico vigente* que, funcionando como *antítese*, dará origem à crise. Essa oposição é a única atitude que possibilita a produção de uma mediação ou síntese dialética no sentido hegeliano.

Um novo valor será produzido, e Cossio denominou-o *valor positivo puro*.

A produção axiológica funcionará estabelecendo e sustentando o novo papel. Vemos aqui, teoricamente, o próprio surgimento de uma nova conduta, percebida a partir do momento axiológico. Em nosso exemplo, a obscura sexualidade é transformada, desse momento em diante, em genitália criativa, e o *eros* passará a ser força, prazer, beleza, privacidade, dever consigo mesmo e com o próprio projeto, comunicação com o outro, liberdade, autonomia, auto-afirmação da própria feminilidade ou masculinidade e, inclusive, a possibilidade de um caminho de transcendência.

Esses atos, cujos fundamentos estão enraizados em mediações axiológicas, não só estabelecem o indivíduo numa nova conduta e, portanto, novo modo de ser, mas reorganizam de maneira distinta o átomo social de interação onde se tornou possível aquela dissonância original, a crise e a mediação criativa.

O ato de produção axiológico, que imprime uma nova conduta, é também um ato básico para a cultura do grupo que funcionou como matriz de um dado acontecimento. A partir daí, o *valor positivo puro*, produto da criatividade do grupo em sua totalidade, será introjetado no novo modo de ser da cultura grupal, como uma verdadeira mudança. Esse valor sera o *novo critério axiológico vigente* de todo o grupo; se for necessário modificá-lo mais adiante, o processo dialético será reiniciado para uma nova crise de evolução da cultura do grupo como um todo.

O *último caminho* é o da mudança, a transformação compreendida a partir da vertente axiológica. Esta deve ser a proposta oferecida no psicodrama, e nesse sentido o método pode ser entendido como uma matriz para a produção axiológica e a transformação.

Muitas vezes não se obtém o fenômeno da catarse de integração durante várias sessões.

O que quer dizer que, em reiteradas ocasiões, o protagonista não pôde totalizar em conjunto, em seu trabalho dramático, os três momentos da compreensão.

Conseqüentemente, não pode ocorrer no protagonista o salto axiológico do desdobramento. Nessas ocasiões, estaremos presenciando a permanência num estado de retrocesso. É por algum motivo que não se dá o salto esperado e proposto.

Quero voltar aqui a dois conceitos que utilizamos antes e que devem ser compreendidos com um significado distinto do que lhe outorga a linguagem psicanalítica clássica.

Quando um papel não espontâneo não se modifica, o protagonista permanece ou retrocede ao seu antigo papel. Não produz o ato criador que lhe permitiria assumir o papel adequado conforme exige a nova situação. A não produção está nos assinalando sempre uma repressão ou uma negação dramática.

Assim como antes, em sua matriz, ele desembocou em um dos dois caminhos para evitar novamente o conflito, repetindo agora na matriz psicodramática as mesmas tentativas de fuga. Como dissemos, haverá *repressão* cada vez que se descobrir a ausência de uma *tese axiológica* que esteja agindo para sustentar a nova conduta; e haverá *negação* toda vez que a tese existente permanecer, funcionando meramente em oposição à *antítese*, por simples rebeldia, sem obter o valor.

A recaída na oposição, sem possibilidade de qualquer mediação, conduz a uma conduta reativa, isto é, a um papel rebelde às vezes em movimento pendular.

Devemos recordar que Moreno, desde o princípio, definiu o papel como a unidade funcional de uma conduta situacional numa cultura.

Dizia também que para um papel adquirir sua espontaneidade máxima deveria conseguir real adequação à situação em que era posto em ação.

Além disso, o termo *adequado* ou *adequação* encerra, na definição moreniana, um verdadeiro sentido axiológico, e por isso parece-me importante considerar as abordagens teóricas da axiologia de Cossio para dar continuidade aos trabalhos de Moreno nessa direção.

Parece-me fundamental para a tarefa terapêutica compreender de que maneira, em um determinado momento do processo psicoterapêutico, ocorre pela primeira vez o surgimento de um novo papel num ato de criação ou de mudança, e como funcionam os valores, de maneira básica; e compreender que a verdadeira mudança implica sempre uma reestruturação axiológica.

Quando a criança, em seu processo evolutivo, passa de uma matriz para outra, ou de uma fase a outra de uma mesma matriz, está passando de uma cultura para outra e, portanto, de uma ordenação axiológica para outra completamente diferente. Em cada uma dessas passagens, suas condutas deverão se adequar à mudança de valores conforme a exigência da nova ordenação.

Carlos Cossio ofereceu uma teoria que nos permite verificar com relativa facilidade essas mudanças e mostrou como funciona profundamente a dinâmica dos valores. É proveitoso considerar suas descrições para compreender a razão íntima do fenômeno da catarse de integração, com o qual devemos permanentemente trabalhar no psicodrama.

Por isso, é importante encarar esses aspectos cada vez mais detidamente e nos aprofundarmos em seu mecanismo intrínseco.

Se temos consciência de que ser terapeuta leva inevitavelmente a atuar como axiólogo, devemos considerar cada vez mais os alcances desse aspecto de nossa função.

A simples indicação categorizada para julgar se a conduta de nosso paciente é infantil ou adulta situa-nos nesse papel e, por isso, ele deve ser conhecido a fundo.

Nesse caso, é importante ter consciência dele na atividade terapêutica.

O aprofundamento da consciência nos permitirá assumir com mais desenvoltura e criatividade nosso papel e representá-lo adequadamente, para trabalhar em favor da liberdade daqueles que recorreram a nossa ajuda terapêutica, e não considerar a terapia como uma função de gabinete que pretende ser asséptica quanto aos valores ou, pior ainda, tendenciosamente ideologizadora.

Felizmente, na experiência terapêutica — e creio que o leitor concordará comigo —, essas pretensões errôneas jamais apresentam resultados verdadeiramente duradouros na conduta alheia.

Nunca é tão importante o fantasiado "poder do terapeuta" sobre a conduta de seus analisandos, porque, na verdade, ninguém pode instaurar no outro um projeto existencial profundo, por mais que o tente.

Os escritos de Moreno em geral, mas *Las Palavras del Padre* em particular, texto muito pouco estudado pelos psicodramatistas, estão profunda e poeticamente impregnados da ética e dos principais sentidos axiológicos que determinam seu trajeto metodológico.

Vimos que a existência humana é, para Moreno, essencialmente uma busca permanente e a constante seqüência de integrações que são obtidas ou frustradas. Segundo a ótica psicodramática, a série de integrações começa a partir da *matriz de identidade*, com o surgimento dos primeiros papéis psicossomáticos. A vida humana, a partir daí, será uma sucessão que terá de passar por limiares e matrizes para desembocar numa *matriz social*. Certamente — e isso também Moreno enfatiza — a integração individual de uma identidade não é a última integração de um homem, mas apenas a primeira de uma longa série, até seu último ato vital, a morte, que o reintegrará novamente à *matriz cósmica*.

Na vertente ética e na estética, a *catarse de integração* psicodramática, tanto no aspecto individual quanto grupal, é a proposta que o método de Moreno oferece ao ser humano na busca de integrações.

Nesse sentido, o psicodrama é postulado como uma nova matriz metodológica para os choques e os reencontros resolutivos quando alguém se percebe detido em algum aspecto.

Moreno, como os outros grandes de sua época, percebeu que essas paradas no desenvolvimento não podiam ser abarcadas a partida da ótica clássica, que tendia a classificar taxonomicamente os modos de ser em quadros nosográficos determinados.

A antiga atitude havia construído uma psicopatologia a partir das dicotomias próprias do pensamento racionalista em que ela se baseava. Seu mérito foi a grande maestria clínica de suas descrições; a grande dificuldade foram as antinomias resultantes de tais pressupostos.

Foi o pensamento romântico que iniciou a crise dessas antinomias e preparou o terreno para a psicologia moderna.

Nesse sentido, todas as grandes correntes foram confluindo para demonstrar a precariedade daqueles limites rígidos entre saúde e doença mental.

Inscrito nessa atitude, que foi criando as novas linhas do pensamento psiquiátrico, o psicodrama moreniano, como já vimos, enxerga os modos de ser como estruturações complexas e peculiares, condicionadas a partir de acontecimentos traumáticos ocorridos no passado biográfico de cada indivíduo; nesse sentido, seu método aponta para a vertente exploratória motivadora da tarefa psiquiátrica e psicoterapêutica.

Mas, além disso, ensina que todo homem, no fundo, carrega a possibilidade de resolver suas estagnações, e o importante é esperar que ele nos mostre, durante o processo, qual o seu projeto profundo que ficou truncado.

A vertente do método que trabalha no sentido de uma psicologia dos objetivos deve apontar para o projeto profundo.

Devemos recordar que Moreno definiu a *matriz de identidade* como uma etapa infantil dominada pela *fome de atos*.

Essa ansiedade básica é, para ele, a força que empurra o ser para a longa série de integrações que aguardam o homem na vida.

A obtenção da identidade pessoal é, para Moreno, nada mais que o primeiro trecho do caminho existencial. É nele que a *angústia cósmica* e a *angústia pelo olhar do outro* nos dominam.

As angústias, magistralmente descritas por Martín-Santos,[12] aparecem de modo claro nos limiares da fase mágica da matriz de identidade e nos da fase mítica da matriz familiar: suas não resoluções são fundamentais para a compreensão dos diferentes modos de ser quando queremos vê-los por uma ótica psicodramática. Este é um tema que tratei de aprofundar em meu trabalho *Psicodrama, Actos Fundantes y Modos de Ser*, que espero publicar dentro em breve.

Moreno assinala que, quando o ser consegue transpor o último limiar de sua identidade pessoal para chegar à matriz social, a fome de atos original continua atuando nele, transformada em um resíduo mobilizador.

A esse resíduo Moreno denominou *fome de transformação* do ser humano.

Uma vez transposto o limiar infantil e já tendo alcançado a *matriz social*, jamais poderemos recuperar a vivência totalizadora e de plena confiança ôntica que um dia tivemos, quando estávamos imersos no sincretismo da matriz de identidade; mas poderemos tentar, então, modos adultos na busca das novas integrações que nos aguardam no mundo em que nos cabe viver.

Essas tentativas serão os caminhos ontológicos que deveremos percorrer: o caminho do ser em direção a si mesmo, do ser em direção ao outro e do ser em direção à transcendência.

Percorrer esses caminhos que a vida nos propõe nos permitirá construir e estruturar uma cosmovisão, pois é a única união adequada com nosso mundo.

Será essa a única maneira de reeditar os momentos dos encontros e as vivências reiteradoras de uma certa totalização existencial.

O motor profundo desses percursos, baseados na ansiedade residual que nos lança na busca de constantes transformações, será a

---

12. L. Martín-Santos, *Libertad, Temporalidad y Transferencia en el Psicoanálisis Existencial*, Barcelona, Seix Bairral, 1975.

angústia trágica que se mobiliza em nós, quando tomamos consciência de nossa própria finitude.

A angústia da morte, que sempre nos acompanha a partir do nosso ingresso na matriz social, será então um de nossos mais poderosos impulsos de transformação.

Profundamente estimulados por essa angústia, poderemos começar a configurar nossa conduta como uma experiência, que em sua essência pode se tornar uma possibilidade de liberdade.

Sob essa ótica, o ato catártico pode ser visto como um momento de plena atualização dessa possibilidade existencial, e por isso Moreno o comparou a um ato de renascimento.

Para que nossa capacidade de desenvolver possibilidades floresça, o ato de integração catártico deve se inserir radicalmente na estrutura da situação coexistencial que o grupo humano participante do nosso ato nos oferece.

O ser coexistencial é um atributo essencial da existência humana. Ainda que o *ato de catarse de integração* possa ser, na vertente individual, um verdadeiro salto existencial, na vertente grupal adquire as mesmas dimensões, mas trata-se aqui de um salto coexistencial, múltiplo e compartilhado.

A partir de um fenômeno de verdadeira catarse de integração, todo o grupo se modifica.

As possibilidades de liberdade, de espontaneidade e de criatividade que um protagonista obtém no caminho terapêutico para o desenvolvimento de seu próprio projeto também mobilizam, necessariamente, as possibilidades de todos os integrantes da pequena comunidade constituída pelo grupo terapêutico que trabalha com psicodrama.

Além disso, a mobilização em cadeia é a realimentação constante e necessária de tais atos e encontros.

BIBLIOGRAFIA

ABBAGNANO, N. *Existencialismo positivo*, Buenos Aires, Paidós, 1951.
_____. *Filosofía de lo posible*, México, FCE, 1959.
_____. *Introducción al existencialismo*, México, FCE, 1962.
ANCELIN SCHUTZENBERGER, A. *Introducçion al psicodrama*, Madri, Aguilar, 1970.
ANZIEU, D. *El psicodrama analítico en el ninõ*, Buenos Aires, Paidós, 1961.
ARISTÓTELES. *El arte poético*, Madri, Espasa Calpe, 1948.
_____. *La política*, Madri, Nacional, 1977.
ARLT, M. *El teatro como fenómeno colectivo*, Santa Fé, Universidad Nacional del Litoral, 1967.
ARROM, J. J. *Mitología y artes prehispánicas de Las Antillas*, México, Siglo XXI, 1975.
_____. *Aportaciones lingüísticas al conocimiento de la cosmovisión taina*, São Domingos, Fund. García Arévalo, 1974.
ASTRADA, C. e outros. *Valoración de la fenomenología del espíritu de Hegel*, Buenos Aires, Devenir, 1965.
BATY, G. e CHAVANCE, R. *El arte teatral*, México, FCE, 1955.
BLANCO VILLALTA, J. G. *Mitos tupiguaraníes*, Buenos Aires, Ediciones Culturales Argentinas, Ministerio de Cultura y Educación, 1975.
BOITANI, F. e outros. *La città etrusche*, Verona, Mondadori, 1973.
BELLESORT, A. *Athènes et son théâtre*, Paris, Perrin, 1934.
BUBER, M. *Yo y Tú*, Buenos Aires, Nueva Visión, 1979.
_____. *Qué es el hombre?*, México, FCE, 1974.
BUONAIUTI, E. *Amore e morte nei tragici greci*, Roma, Religio, 1938.
BUSTOS, D. *El psicodrama. Aplicaciones de la técnica psicodramática*, Buenos Aires, Plus Ultra, 1974.
_____. *Psicoterapia psicodramática*, Buenos Aires, Paidós, 1975.
CAHM, R. "La psyché et la mort: L'espace du mythe". In: "Mythe et Psychanalyse", *Revue Française de Psychanalyse*, Paris, PUF, 1979, XLIII.
CAMPBELL, J. *El héroe de las mil caras. Psicoanálisis del mito*, México, FCE, 1959.
CAMPO, E. *I drammi satireschi nella Grecia antica*, Milão, Bocca, 1940.
CARLES, J. *Los orígenes de la vida*, Buenos Aires, Eudeba, 1963.
CASSIRER, E. *Filosofía de las formas simbólicas*, México, FCE, 1976.
COSSIO, C. *La teoría egológica del derecho y el concepto jurídico de libertad*, Buenos Aires, Abeledo-Perrot, 1964, 2ª ed.
CUBELIC, T. "Modern aspects of oral Folk theatrology", IX Congresso Internacional de Ciências Antropológicas e Etnológicas, Chicago, EUA, ago.-set. de 1973.
D'AMICO, S. *Historia universal del teatro*, Buenos Aires, Losada, 1954.
DE SAINT-V., P. *Les deux masques,* Paris, Calmman-Lévy.
DOAT, J. *Teatro y público*, Buenos Aires, Fabril, 1961.
DONCEAL, J. E. *Antropología filosófica*, Buenos Aires, Lohlé, 1969.
DURKHEIM, E. *Les formes élémentaires de la vie religieuse*, Paris, Alcan, 1925.
ELIADE, M. *El mito del eterno retorno. Arquetipos y repetición* (1949), Madri, Alianza, 1972.

———————. *Imágenes y símbolos*, Madri, Taurus, 1955.
———————. *Traité d'histoire des religions*, Paris, Payot, 1965.
———————. *Lo sagrado y lo profano*, Madri, Guadarrama, 1967.
———————. *Mito y realidad*, Madri, Guadarrama, 1968.
———————. *La búsqueda*, Buenos Aires, Megápolis, 1971.
———————. *Ocultismo, brujería y modas culturales*, Buenos Airse, Marymar, 1977.
———————. *De los primitivos al zen*, Buenos Aires, Megápolis, 1977-1978.
ÉSQUILO *Tragedias*, Barcelona, Iberia, 1956.
ESTRADA TORRES, A. *Cerámica propiciatoria indígena*, São Domingos, Instituto de Investigações Antropológicas, Faculdade de Humanas, Universidade Autônoma de São Domingos, 1967.
EURÍPEDES. *Drammas y tragedias*, Barcelona, Iberia, 1956.
FAGUET, E. *Drame ancien et drame moderne*, Paris, Colin, 1924.
FARRE, L. *Antropología filosófica. El hombre y sus problemas*, Madri, Guadarrama, 1968.
FRAZER, J. *The Golden Bough: The Magic Art and the Evolution of Kings*, Londres, Macmillan, 1911-1914, 12 vol.
FREUD, S. *Tótem y tabú*. In: Obras completas, Madri, Biblioteca Nueva, 1967-1968.
GARCILASO DE LA VEGA. *Comentarios reales de los Incas*, Buenos Aires, Emecé, 1943, 5 vol.
GARIN, E. *Medioevo e Rinascimento*, Bari, Laterza, 1954.
GIRARD, J. *Le sentiment religieux en Grèce, d'Homère à Eschyle*, Paris, Hachette, 1887.
GRIMAL, P. *Mythologies des montagnes, des forêts et des îles*, Paris, Larousse, 1963.
———————. *Mythologies de la Méditerranée au Gange*, Paris, Larousse, 1969.
HABER, A. *Un símbolo vivo. Arquetipos, historia y sociedad*, Buenos Aires, Paidós, 1969.
———————. *Símbolos, héroes y estructuras*, Buenos Aires, Hachette, 1976.
HARTMAN, R. S. *La estructura del valor*, México, FCE, 1959.
HARTMANN, N. *Ethos*, Londres, Allen and Unwin, 1932.
HEGEL, G. F. *Fenomenología del espíritu*, México, FCE, 1966.
HEIDEGGER, M. *El ser y el tiempo* (trad. de Gaos), México, FCE, 1951.
HUSSERL, E. *Méditations cartésiènnes*, Paris, Colin, 1931.
———————. *Ideas*, México, FCE, 1941.
———————. "Fenomenología y antropología", *Cuadernos de filosofía*, IV, Buenos Aires, Instituto de Filosofia, 1950.
———————. *Logique formelle et logique transcendentale*, Paris, PUF, 1957.
———————. *Investigaciones lógicas*, Madri, Revista de Occidente, 1967, 2 vol.
IMBELLONI, J. "El 'Génesis' de los pueblos protohistóricos de América", Buenos Aires, *Boletín de la Academia Argentina de Letras*, 1940.
———————. "De la naturaleza de los dioses y de los dioses encósmicos en particular", Buenos Aires, *Boletín de la Academia Argentina de Letras*, 1942, X.
JUNG, C.G. *Psicología y religión*, Buenos Aires, Paidós, 1972, 4ª ed.
KESSERLMAN, H. e outros. *Las escenas temidas del coordinador de grupos*, Madri, Fundamentos, 1978.
KIERKEGAARD, S. *Tratado de la desesperación*, Buenos Aires, Rueda, 1976.
———————. *El concepto de la angustia*, Madri, Espasa Calpe, 1979.

KLUCKHOHN, C. *Antropología*, México, FCE, 1951.
LEENHARDT, M. *Do Kamo. La persona y el mito en el mundo melanesio*, Caracas, Universidade Central da Venezuela, 1978.
LÉVI-STRAUSS, C. *Antropología estructural*, Buenos Aires, Eudeba, 1968.
LEVY-BRUHL, L. *L'expérience mystique et les symboles chez les primitifs*, Paris, Alcan, 1938.
_____. *La mentalidad primitiva*, Buenos Aires, La Pléyade, 1972.
MALINOWSKI, B. *Estudios de psicología primitiva*, Buenos Aires, Paidós, 1949.
_____. *Magic, Science and Religions*, Nova York, Doubleday, 1955.
MARCHESI, C. *Storia della letteratura latina*, Milão, Principato, 1947, 7ª ed.
MARTÍN-SANTOS, L. *Libertad, temporalidad y transferencia en el psicoanálisis existencial*, Barcelona, Seix Barral, 1975.
MARTÍNEZ BOUQUET, C. e outros. *Psicodrama psicoanalítico en grupo*, Buenos Aires, Kargieman, 1970.
MENEGAZZO, C. M. e outros. "El programa psicodramático", 3? Congresso Latino-americano e 1? Congresso Uruguaio de Psiquiatria, Punta del Este, 1972.
MENEGAZZO, C. M. "El dessarrollo dramático del proceso de identidad: Consideraciones a partir del modelo evolutivo moreniano", Apontamentos do Plano de Aprendizagem Psicodramática do Instituto de Saúde Mental Arturo A. Ameghino, Buenos Aires, 1975-1976.
_____. "El quehacer de un director de psicodrama: La búsqueda de la escena nuclear conflictiva y el concepto de catarsis de integración", Escritos de aulas teóricas dos Talleres de Psicodrama, Instituto de Psicodrama Buenos Aires, Plano de educação continuada, Buenos Aires, 1979.
MERLEAU-PONTY, M. *Phenomenologie de la perception*, Paris, Gallimard, 1945.
METASTASIO, P. "Osservazioni sul teatro greco". In: *Opere di P. Metastasio*, Triste, Lloyd Austríaco, 1875.
MEYER, K. E. *Teotihuacán*, Milão, Mondadori, 1973.
MINKOWSKI, *El tiempo vivido* (1938), México, FCE, 1973.
MONDOLFO, R. *El genio helénico*, Buenos Aires, Columba, 1960.
MORENO, J. L. *The Theatre of Spontaneity,* Beacon, Nova York, Beacon House, 1944. Em português, *O teatro da espontaneidade*, Summus Editorial.
_____. *Sociometry, Experimental Method and the Science of Society*, Beacon, Nova York, Beacon House, 1951.
_____. *Who Shall Survive?*, Beacon, Nova York, Beacon House, 1954.
_____. *Society and the Science of Man*, Beacob, Nova York, Beacon House, 1956.
_____. *The First Psychodramatic Family*, Beacon, Nova York, Beacon House, 1964.
_____. *Psicomúsica y sociodrama*, Buenos Aires, Hormé, 1965.
_____. *Psicoterapia de grupo y psicodrama; introducción a la teoría y la praxis*. México, FCE, 1966.
_____. *The Words the Father*, Beacon, Nova York, Beacon House, 1971.
_____. *Psychodrama*, Beacon, Nova York, Beacon House, 1975-1977. (Vol. I: *Collected papers*; vol. II, em colab. com Zerka T. Moreno: *Foundations of psychotherapy*; vol. III, em colab. com Zerka T. Moreno: *Action Therapy and Principles of Practice*). O volume II foi publicado no Brasil, *Fundamentos do Psicodrama*, Summus Editorial.
MORENO, J. L. e outros. *Group Psychotherapy; a Symposium*, Beacon, Nova York, Beacon House, 1945.

MORENO, J. L. e ENNEIS, J. M. *Hypnodrama and Psychodrama*, Beacon, Nova York, Beacon House, 1950.
MOSE, J. *Máscaras animistas*, Buenos Aires, Ediciones Culturales Argentinas, Ministério de Cultura e Educação, 1970.
MURRAY, G. *Eurípides y su época*, México, FCE, 1951.
NICOL, E. *Psicología de las situaciones vitales*, México, FCE, 1941.
_____. *Metafísica de la expresión*, México, FCE, 1957.
NIETZSCHE, F. *El origen de la tragedia*, Buenos Aires, Poseidón, 1949.
PACI, E. *La filosofia contemporánea*, Buenos Aires, Eudeba, 1961.
PAVLOVSKY, E. e outros. *Psicodrama, cuándo y por qué dramatizar*, Madri, Fundamentos, 1979.
PERETTI, A. *Epirrema e tragedia: Studio sul dramma attico arcaico*, Florença, Le Monnier, 1939.
PEROTTA, G. *I tragici greci*, Bari, Laterza, 1931.
PETTAZZONI, R. *I misteri*, Bolonha, Zanichelli, 1921.
_____. *La religione nella Grecia Antica*, Bolonha, Zanichelli, 1921.
PETROSYAN, E. "Totemic dances of Armenia", IX Congresso Internacional de Ciências Antropológicas e Etnológicas, Chicago, EUA, ago-set. de 1973.
PIAGET, J. *La construcción de lo real en el niño*, Buenos Aires, Proteo, 1965.
_____. *Estudios de psicología genética*, Buenos Aires, Emecé, 1973.
_____. *La representación del mundo en el niño*, Madri, Morata, 1975.
PICHON RIVIÈRE, E. *Del psicoanálisis a la psicología social*, Buenos Aires, Galerna, 1971, 3 vol.
RADIN, P. *El hombre primitivo como filósofo*, Buenos Aires, Eudeba, 1957.
READ, H. *Arte y sociedad*, Buenos Aires, Kraft, 1951.
_____. *Imagen e idea*, México, FCE, 1965.
ROHEIM, G. *Magia y esquizofrenia*, Buenos Aires, Paidós, 1959.
ROJAS BERMÚDEZ, J. G. "Introducción al núcleo del yo", *Cuadernos de Psicoterapia*, 1976, XI, 1-2; 1977, XII, 1-2.
ROMERO, F. *Teoría del hombre*, Buenos Aires, Losada, 1944.
_____. *La edad media*, México, FCE, 1961.
ROMY, J. A. *La magie*, Paris, PUF, 1950.
RUYER, P. *La filosofía del valor*, México, FCE, 1970.
SARTRE, J. P. *El ser y la nada*, Buenos Aires, Ibero Americana, 1961, 3 vol.
_____. *Lo imaginario*, Buenos Aires, Losada, 1964.
_____. *La imaginación*, Buenos Aires, Sudamericana, 1967.
SAURÍ, J. J. *Historia de las ideas psiquiátricas*, Buenos Aires, Lohlé, 1969.
_____. "La aparición del psicodrama en el panorama de las ideas psiquiátricas", Buenos Aires, Seminários do Instituto de Psicodrama Buenos Aires, 1979.
SCHELER, M. *Esencia y formas de la simpatía*, Buenos Aires, Losada.
_____. *Etica*, Madri, Revista de Occidente, 1950.
_____. *La esencia de la filosofía y la condición moral del carácter filosófico*, Buenos Aires, Nova, 1966.
_____. *Idealismo y realismo*, Buenos Aires, Nova, 1963.
SCHURE, E. *Le théâtre initiateur: la genèse de la tragédie; le drame d'Eleusis*, Paris, Perrin, 1926.
SÓFOCLES. *Dramas y tragedias* (trad. de Agustín Blanquez), Barcelona, Iberia, 1955.
STUMPO, B. *Le origini della tragedia*, Milão, Albrighi-Segati, 1935.

THOMAS, L. V. "A propos de la mort africaine en mythe et psychanalyse", *Revue Française de Psychanalyse*, Paris, PUF, maio-junho de 1979.
TRÍAS, E. *Metodologia del pensamiento mágico*, Barcelona, Edhasa, 1970.
WARDROPPER, B. W. *Introducción al teatro religioso del siglo de oro*, Madri, Revista de Occidente, 1953.
YAÑEZ CORTÉS, R. "Los trabajos de Carlos Astrada sobre fenomenología de la razón mágica, la razón mítica y la razón lógica", Apontamentos de seminários privados, Buenos Aires, 1968-1970.
ZURETTI, M. "El desarrollo del rol de psicodramatista", Escritos de aulas teóricas dos Talleres de Psicodrama, Instituto de Psicodrama Buenos Aires, Plano de Educação continuada, Buenos Aires, 1979.

_____. "Atomo cultural, átomo social perceptual, átomo social real y sus desarrollos en psicodrama", Escritos de aulas teóricas dos Talleres de Psicodrama, Instituto de Psicodrama Buenos Aires, Plano de Educação continuada, Buenos Aires, 1979.

DAG GRÁFICA E EDITORIAL LTDA.
Av. N. Senhora do Ó, 1782, tel. 857-6044
Imprimiu
COM FILMES FORNECIDOS PELO EDITOR